*Verkauf alles, was du hast,
verteil das Geld an die Armen,
und du wirst einen bleibenden
Schatz im Himmel haben; dann
komm und folge mir nach! (Lk 18,22)*

Meinen Schülern und Schülerinnen gewidmet

Irene Kohlberger

HEILIGE IM GESPRÄCH
Ordensgründer, Bettler und Gelehrte

BERNHARD von CLAIRVAUX
das religiöse Genie seines Jahrhunderts
DOMINIKUS
unermüdlicher Kämpfer für den Glauben
FRANZ von ASSISI
der seraphische Heilige
THOMAS von AQUIN
Meisterarchitekt der christlichen Theologie

Bibliografische Information der Deutschen Nationalbibliothek:

Die Deutsche Nationalbibliothek verzeichnet diese Publikation in der Deutschen Nationalbibliografie; detaillierte bibliografische Daten sind im Internet über http://dnb.dnb.de abrufbar.

Wien © 2019 Dr. Irene Kohlberger

Covergestaltung: Gerda Salomon

Herstellung und Verlag: BoD – Books on Demand, Norderstedt

ISBN: **9783741242359**

Inhalt

Einführung 11
Gesellschaftliche Situation im Hochmittelalter 13
Bernhard von Clairvaux 21
   Kindheit und Jugend 22
   Novize in Citeaux 25
   Abt in Clairvaux 28
   Der Geist von Citeaux breitet sich aus 33
   Im Dienst von Papst Innozenz II. 36
   Die Auseinandersetzung mit Abälard 43
   Bernhard als Kreuzzugsprediger 47
   Letzte Jahre und Tod 60
   Glühen ist mehr als Wissen 63
Dominikus 67
   Jugend und Ausbildung 68
   Erster Kontakt mit den Albigensern 72
   Albigenserkriege 79
   Beginn der Ordensgeschichte 84
   Gründung von neuen Ordensniederlassungen 91
   Dominikus unterwegs im Dienst des Papstes 96
   Letzte Verfügungen und Tod 101
   Abschließende Würdigung 104
Franz von Assisi 107
   Jugendjahre in Assisi 109
   Beginn seiner „Bekehrung" 112

Berufung zum Retter der Kirche 116
Renovierungsarbeit an San Damiano 122
Berufung zu Armut und Predigt 124
Die ersten Gefährten 126
Berufung zur Demut 129
Alltag fern der Welt 133
Die Brüder beim Papst 140
Als Prediger unterwegs 143
Anfänge des Ordenslebens 147
Arbeitsergebnisse der Kapitel 151
Franziskus gestaltet die erste Weihnachtskrippe .. 160
Das Erlebnis am Alvernerberg 161
Die Dichtung des Sonnengesanges 166
Abschließende Würdigung 171

Thomas von Aquin 175
Kindheit und Jugend 176
Student in Neapel 181
In den Händen seiner Brüder 182
Studium in Paris und Köln 186
Promotion zum Magister 193
Als junger Magister in Paris 197
Magister in der Römischen Provinz 200
Wieder Magister in Paris 210
Abschied von Paris 220
Magister in Neapel 222
Letzte Tage 228

Zu seinem Werk 230
Anhang 235
Literaturverzeichnis 239
Abbildungsverzeichnis 241

Einführung

Heilige sind Menschen, die sich Gott bedingungslos anvertrauen und sein Gesetz und seinen heiligen Rat mit all ihrer Kraft zu erfüllen suchen.

Sie wirken als Mitarbeiter Gottes in unserer Welt, mit der er sich durch die Menschwerdung seines Sohnes für immer verbunden hat. Einige werden in den göttlichen Dienst genommen, um Weichen zu stellen, andere um verfahrene Situationen zu retten, zu heilen oder Gott einfach mit ihrer Liebe und Hingabe zu erfreuen. Immer aber werden heilige Menschen mit einem Auftrag in die Welt gesandt – mit einem Auftrag, der sich in ihrer Biographie deutlich abzeichnet. Diese ihre Sendung fasziniert mich. Sie forderte mich heraus, das Leben der Heiligen über die Jahrhunderte zu studieren und in kleinen Lebensbildern ihren Beitrag zur europäischen Geistesgeschichte, zu gestalten. Da Menschen nicht heilig geboren werden, sondern mit ihren persönlichen Schwächen und Stärken, versuchte ich ihnen auch menschlich nahe zu kommen, soweit dies aus den überlieferten Biographien möglich war.

Die katholische Kirche wurde und wird durch menschliche Schwächen immer wieder schwer erschüttert. Doch entsteht durch den beharrlichen Einsatz von Menschen, die ihre ganze Kraft in den Dienst Gottes und den geistlichen Auftrag der Kirche stellen, eine andauernde Gegenströmung. Diese sichert nicht nur das Überleben der Kirche, sondern liefert darüber hinaus den Beweis, dass Gott in seiner Liebe und Barmherzigkeit das Schicksal der irdischen Wirklichkeit in der Hand hat. Diese Erkenntnis befreit von jeglicher Überforderung, die uns lähmen würde das zu tun, was von uns unmittelbar verlangt und gebraucht wird. Möge uns aus der Perspektive der Heiligen klarwerden, was die Botschaft des Hl. Paulus bedeutet:

„Was kein Auge gesehen und kein Ohr gehört hat, was keinem Menschen in den Sinn gekommen ist: das Große, das Gott denen bereitet hat, die ihn lieben." (1. Kor 2,9)

Gesellschaftliche Situation im Hochmittelalter

Die soziale Situation in Europa zur Zeit des Früh- und Hochmittelalters (12./13.Jh.) war unsicher und schwierig. Das Christentum hatte sich zwar als führende Religion durchgesetzt, wurde im Allgemeinen aber nur oberflächlich verstanden und gelebt. Ähnliches galt auch für Bischöfe und Klerikern die den Anspruch des Evangeliums nach einem christlich vorbildlichen Leben nur selten erfüllten. Obwohl Amtsträger der katholischen Kirche, blieben sie meist bloße Verwalter der Liturgie und lebten auf ihren Pfründen (Besitzungen) ihr persönlich gesichertes Dasein. Um die Not der Leute in den Pfarren und Bistümern kümmerten sie sich kaum. Wenn Hungersnöte und Seuchen die Situation noch verschlimmerten und die privilegierte Stellung der Würdenträger gefährdeten, dann trösteten sie die Betroffenen mit der Seligkeit des Himmels. In ihrer Not nahmen die Menschen daher nicht selten Zuflucht zu magischen Praktiken, um ihre Probleme zu bewältigen.

Der Glaube an die Wirksamkeit magischen Tuns stammte aus vorchristlicher Zeit und wurde vielfach aus der römischen Antike übernommen. Die überlieferten volkstümlichen Zauberpraktiken sollten schützen, heilen, besondere Fähigkeiten oder Geld herbeizaubern. Kleriker wurden dazu nicht selten als Helfer angesprochen, die aufgrund ihrer mangelhaften Ausbildung denselben Mechanismen ausgeliefert waren wie das einfache Volk. Die Kunst des Wahrsagens und der Zukunftsdeutung reicht – schriftlich dokumentiert – bis ins dritte Jahrtausend vor Christus zurück. Doch wird schon im Alten Testament entschieden, dass es keinen geben soll, der „Losorakel befragt, Wolken deutet, aus dem Becher weissagt, zaubert, Gebetsbeschwörungen hersagt, der

Totengeister befragt, keinen Hellseher, keinen, der Verstorbene befragt." (Dt 18,10,11).

Daneben existierte in der Rechtsprechung eine Praxis, die – nach heutiger Sicht – mehr als fragwürdig war und zum Anspruch des christlichen Gottesbildes geradezu im Widerspruch stand. Angesichts des verbreiteten Einsatzes der *Ordale*[1] wäre zu sagen, dass sie schon von Karl dem Großen als Mittel zur Wahrheitsfindung angeordnet wurden. Die dahinterliegende Motivation bestand in der Meinung, dass die Elemente, wie Feuer und Wasser, durch ihre Reinheit den „sündigen" Menschen erkennen.

Beim Feuer-Ordal wurde der beschuldigten Person glühendes Eisen in die Hand gegeben, oder sie musste durch Flammen schreiten. Blieb die Person unverletzt, dann betrachtete man sie als unschuldig. Eine Person, die man dem Wasser überantwortet, galt dann als unschuldig, wenn sie vom Wasser behalten wurde. Mit anderen Worten, wenn sich jemand daraus rettete, dann war er schuldig und wurde dem Henker ausgeliefert. Zeugen dieser Ordale waren bis ins 13. Jahrhunderte die Pfarrer oder geistliche Personen. Der Zweikampf galt als Mittel der Wahl vor den weltlichen Gerichten, allerdings ohne geistliche Zeugen. Als das Vierte Laterankonzil (1215) die Mitwirkung von Priestern an Ordalen per Dekret verbot, verloren die Gottesurteile allmählich an Bedeutung. Allerdings dauerte es noch geraume Zeit bis man die Gottgefälligkeit der Ordale anzweifelte und diese Rechtspraxis aufgab.

---

[1] Ein **Gottesurteil**, Gottesgericht (lateinisch *ordalium*) oder Ordal ist eine vermeintlich durch ein übernatürliches Zeichen herbeigeführte Entscheidung in einem Rechtsstreit. Dabei wird von der Vorstellung ausgegangen, dass Gott in den Rechtsfindungsprozess eingreife, um den Sieg der Gerechtigkeit zu garantieren.

Das Fortleben von magischen Praktiken und die Wahrheitsfindung durch Ordale macht deutlich, dass die Mittel zur Bewältigung des Alltags nach wie vor in überkommenen Traditionen gesucht wurden. Die vertrauensvolle Hingabe an den Willen und die Hilfe Gottes, wie es die Schriften des Alten und das Neuen Testamentes empfehlen, erschien den Menschen von damals wohl kaum als naheliegende Alternative.

Der Grund dafür war zweifellos in der Art der Missionierung zu suchen, die ursprünglich von oben nach unten erfolgte, d.h., dass die christliche Religion von den Adeligen und Herren des Landes ihren Untertanen einfach „verordnet" wurde. Die nachfolgende Überzeugungsarbeit und Vertiefung durch engagierte Missionare erfolgte naturgemäß sehr unterschiedlich. Daher blieb ein Leben im christlichen Sinn die Sache von „Berufenen": Diese waren vor allem in den Klöstern zu finden; manchmal wirkten sie auch als vorbildliche Kleriker und manchmal auch als Weltleute, wie das Beispiel der heiligen Könige zeigt. Die Folge dieser Entwicklung war eine oberflächliche Übernahme christlichen Gedankengutes, um fundamentale Ängste zu beruhigen und sich eine glückliche himmlische Existenz nach dem bedrängten irdischen Leben zu erwarten. Diese Botschaft traf das Interesse der Menschen – dafür war man christlich getauft.

Gleichzeitig schien eine künstlerisch begabte Elite das Christentum in einer Tiefe verstanden zu haben, die uns heute noch fasziniert und Bewunderung abringt. Davon künden die Kathedralen der romanischen sowie der gotischen Epoche in Frankreich, England und den deutschen Ländern. Mit den in den Himmel strebenden Säulen, den Fenstern aus buntem Glas und mit Wänden, die nahezu vollständig mit Fresken geschmückt waren, schufen sie heilige Räume, in denen sich die Meister an

Detailreichtum und Kunstfertigkeit überboten, um die Botschaft der Hl. Schrift möglichst anschaulich zu vermitteln. Sie, die Meister ihres Handwerkes, verstanden vielleicht oft mehr, als ihre Auftraggeber, worum es im christlichen Glauben eigentlich geht. Und wenn wir heute vor den fast „lebendigen Zeugen" aus Stein stehen, und voll Bewunderung kaum zu atmen wagen, dann mag in uns eine Sehnsucht nach dieser Zeit entstehen, als einfache Handwerker den Geist des Christentums in Stein, Holz und Mauerwerk zu fassen wussten.

Dennoch gab es zur selben Zeit bitterste Armut, Aberglauben und eine gerichtliche Praxis, von der wir uns schaudernd abwenden. Alles war extremer, stärker und vor allem starr nach Ständen geordnet, in einer Weise, die wir uns heute kaum mehr vorstellen können.

Und in diese starre Ordnung brachen nun die Heiligen ein. *Bernhard von Clairvaux*, ein Adeliger, der ein Leben in Glanz und Sicherheit vor sich hatte. *Dominikus*, der Sohn eines begüterten Bürgers, der als Bischof ausgesorgt hätte. *Franz von Assisi*, Sohn eines reichen Tuchhändlers, verwöhnt und begabt, was hätte er für ein sorgloses Leben haben können? Warum musste sich *Thomas von Aquin* so abplagen und für Philosophiestudenten Kommentare zu Aristoteles schreiben, obwohl er als Abt von Monte Cassino und Freund der Mächtigen angesehen und herrschaftlich hätte wirken können?

Wozu?
Doch es gibt es eine Antwort auf diese Frage!

Bis ins 11.Jahrhundert war in der christlichen Religion die Gottheit Christi im Vordergrund gestanden: als Kyrios, als Logos und Abglanz des ewigen Vaters. Das Bild eines mächtigen Gottes, der den Kriegsherren in ihren Kämpfen zur Seite stand. Dieser Christus hatte die

Missionsarbeit in den nordischen Völker wesentlich mitgetragen.

Auf den Darstellungen, die in romanischer Zeit entstanden sind, steht Christus als König am Kreuz. Er ist bekleidet mit einem Ärmelkleid und trägt am Kopf oft eine Krone. Nahezu unberührt steht er – hängt nicht – am Kreuz.

Abb. 1: Romanische Kreuzesdarstellung in Báttlo

In den orthodoxen Kirchen dominiert bis heute der Pantokrator das liturgische Geschehen von oben, von der Kuppel oder Apsis her. Unverändert, wie in den frühen nachchristlichen Jahrhunderten, bleibt in den orthodoxen Gotteshäusern Christus erhaben und fern, thront überzeitlich und unerreichbar im ewigen Licht.

Abb. 2: Pantokrator in der Apsis von Monreale

Dieses überzeitliche, metaphysische Christusbild trat in den europäischen Ländern im Laufe des elften Jahrhunderts in den Hintergrund zugunsten der historischmenschlichen Gestalt des *Jesus von Nazareth*, der als Wanderprediger heilend durch Palästina zog. Die praktische Folge war eine stärker auf den Kult[2] bezogene Mystik (innere und geistige Gottesbegegnung) und der Versuch einer konkreten „Nachahmung" des irdischen Lebens Jesu.

Es galt Christus als Menschen nachzufolgen, der den Willen des Vaters gehorsam erfüllte und so voller

---

[2] Zu **kultischen Handlungen** gehören die Feier der Eucharistie, Andachten, Stundengebet, etc. – im Grunde alle Gottesdienste - die auf die Vertiefung der Beziehung zwischen Menschen und Gott, ausgerichtet sind.

Erbarmen für seine Brüder war, dass er ihre Leiden und mehr noch, den Tod am Kreuz, auf sich nahm:

Er war Gott gleich, hielt aber nicht daran fest, wie Gott zu sein, sondern er verdemütigte sich und wurde den Menschen gleich. Sein Leben war das eines Menschen. (Phil 26,7).

Diese allmählich einsetzende Akzentverschiebung im christlichen Gottesbild kristallisierte sich in der hohen Forderung:

„Lass das Ebenbild Gottes in dir Wirklichkeit werden! Ahme Christus nach, indem du dich selbst, dein Leben immer mehr Gott anvertraust, dich von Gott immer mehr formen lässt, alle Menschen liebst und ein Leben der Buße, der Armut und der Askese führst."

Bernhard von Clairvaux
(1090 bis 115)

Das Leben dieses großen Heiligen ist überdurchschnittlich gut dokumentiert. Überliefert sind seine Briefe, die Gottfried, sein Schreiber, gesammelt hatte und wovon vierhundertsiebzig als echt anerkannt sind. Seine *Vita prima* wurde von Wilhelm von Thierry und Ernald von Boneval, zwei Zeitgenossen und Freunde des Heiligen, aufgezeichnet. Das „Buch der Wunder" stammt von Reisebegleitern, die Augenzeugen der Kreuzzugspredigt am Rhein waren. Diese besondere Textsammlung wurde wenige Jahre nach Bernhards Tod nochmals von Bischöfen und Äbten geprüft und bestätigt.

Kindheit und Jugend

Wenige Jahre nach dem Tod Gregor VII., als der Investiturstreit noch tobte, wurde Bernhard als dritter Sohn des Ritters Tescelin von Fontenay in Burgund, auf der Burg seiner Väter, geboren. In einer wunderschönen Gegend, umgeben von der Liebe seiner Eltern und seiner Geschwister, verlebte Bernhard als junger Adeliger seine Kindertage. Wie so oft, empfing auch er von seiner Mutter, die als aktive, gütige und fromme Frau dem Hauswesen vorstand, die ersten religiösen Eindrücke. „Unter ihrer zarten Hand entfaltete sich die Kindesseele in wundersamer Anmut." So wird altertümlich ausgedrückt, dass der Kleine für erzieherische Mahnungen und den Zauber der biblischen Geschichten, die ihm die Mutter erzählte, besonders empfänglich war.

Während seiner Kinderzeit versammelten sich die Ritter Frankreichs und der übrigen europäischen Staaten, um zum *Ersten Kreuzzug* aufzubrechen.

Bernhard war etwa sechs Jahre alt, als die Ritter mit fliegenden Fahnen an der Burg vorbeizogen oder bei seinem Vater Gastfreundschaft genossen. Die Kraft, die von der Aufbruchstimmung und dem bunten Treiben ausging, prägte den kleinen Jungen und tauchte das Bild des *Ersten Kreuzzuges*[3] in seiner Erinnerung in leuchtende Farben. Wenn er später als leidgeprüfter Abt und heiliger Mann die Idee des Kreuzzuges so sehr verinnerlichte, dass er sich als williges Werkzeug von Papst Eugen gebrauchen ließ, um eine neue europäische Kreuzzugsbegeisterung zu wecken, dann mögen nicht zuletzt die Bilder der Kindheit und die Erzählungen von den Heldentaten der Ritter im fernen Morgenland seinen Einsatz für den neuen Kreuzzug mitgetragen haben.

Dass Bernhard für den Ritter- und Kriegsdienst nicht wirklich berufen war, hatte man in der Familie wohl früh erkannt. Daher brachte man ihn in die Schule von Saint Vorles zu Chatillon. Hier begann er die lateinische Sprache und Grammatik zu studieren, um später an Hand von Cicero, Vergil, Ovid und Horaz in die Schönheit der lateinischen Poesie einzutauchen. Dazu kamen die vier mathematischen Fächer Arithmetik, Geometrie, Musik und Astronomie.

Vielleicht hoffte man, ihn durch seine Ausbildung an eine andere Karriere heranzuführen, die damals jungen Adeligen offenstand. Nicht selten begannen sie als einfache Kleriker, um schließlich als Bischöfe mit großer Macht und Anerkennung zu regieren. Doch sehr bald wurde klar, dass sich Bernhard auch in diese Berufslaufbahn nicht einfügen wollte. Seine Gedanken kreisten um

---

[3] Der **Erste Kreuzzug** war ein christlicher Kriegszug zur Eroberung Palästinas, zu dem Papst Urban II. im Jahre 1095 aufgerufen hatte. Sein ursprüngliches Ziel war die Unterstützung des Byzantinischen Reiches gegen die Seldschuken. Der Kreuzzug begann 1096 zum einen als bewaffnete Pilgerfahrt, zum anderen als Zug mehrerer Ritterheere aus Frankreich, Deutschland und Sizilien und endete 1099 mit der Einnahme Jerusalems durch ein Kreuzritterheer.

das Ideal eines Dienstes an Christus, worin er die tiefe Liebe und Begeisterung für die vollkommene Schönheit seines himmlischen Königs ausleben konnte, um IHM allein zu dienen.

Als er im sechzehnten Lebensjahr seine Mutter verlor, die ihn in seinem ernsten Bemühen um ein vollkommenes Leben verstanden und gefördert hatte, schien er immer mehr in sich selbst zu versinken. So überlieferte Wilhelm von St. Thierry, sein erster Biograph, dass sich Bernhard als Jugendlicher immer mehr zurückzog und „unglaublich schüchtern war und nicht viel sprach". Es ist jedoch schwer vorstellbar, dass ein 21jährige Jüngling als schüchterner Einzelgänger die älteren Brüder, die Verwandten und Freunde mit seiner Begeisterung so mitreißen konnte, dass sie ihm in die harte Schule des Klosterlebens von Citeaux folgten. Das lässt sich nicht vereinbaren, auch wenn man annimmt, dass aus angeborenen Schwächen durch eisernes Training nicht selten überragende Stärken werden können.

Ich denke, dass die intensive Suche nach der eigenen Berufung dem jugendlichen Bernhard hohe Konzentration abforderte, die sein Interesse für das alltägliche Leben behinderte. Eine konzentrierte Haltung, die wie ein Filter alles abwehrt, was von außen kommt, kann durchaus den Eindruck von Schüchternheit erwecken.

Seit Benedikt und Papst Gregor I. fanden sich immer wieder Männer, die als Mönche und als Zeugen für den Glauben an Jesus Christus durch ein Leben in Askese und Gebet die „Welt zu überwinden" versuchten.

So konnte es geschehen, dass die Wirkung eines Einzelnen sich in konzentrischen Kreisen ausbreitete, sodass zuerst das eigene Kloster, dann andere Klöster, später auch Bischöfe, Fürsten und zuletzt das Volk erobert wurden. Das erste große Beispiel dafür war Cluny. Doch nicht ein Einzelner hatte es vollendet, sondern fünf Generationen waren nötig, bis sich der äußerste Ring der Welt den Reformen öffnete. Die Arbeit von Cluny hatte das „christliche Erdreich gelockert", Bernhard sollte die Reformarbeit – in den wenigen Jahrzehnten eines Menschenlebens zusammengedrängt – zu einem Höhepunkt führen - einzigartig in der Kirchengeschichte.

Novize in Citeaux

Als Bernhard heranwuchs, zu Beginn des 12. Jahrhunderts, war in Cluny die strenge Führung durch mildere Formen abgelöst worden. Daher versuchten streng gesinnte Männer, neue Klöster zu gründen und diese nach der ursprünglichen Regel einzurichten. So war 1098 durch den heiligen Abt Robert von Molesme das Kloster Citeaux in Burgund gegründet worden. Doch schon nach zehnjährigem Bestand begann es langsam abzusterben, weil die furchtbare Härte des Klosterlebens jedermann abschreckte.

Doch dann brachte Bernhard die Wende. Seit er sich entschlossen hatte, ganz im Dienst seines geliebten Herrn, Jesus Christus, zu leben und als Mönch in Askese und Gebet das Reich Gottes zu gewinnen, bot er seine ganze Kraft und Überredungskunst auf, um seine Verwandten, die Brüder und Freunde für das gleiche hohe Ziel zu gewinnen. Ein halbes Jahr blieb Bernhard mit ihnen noch „in der Welt", damit jeder seine Angelegenheiten ordnen konnte. Doch schon während dieser Vorbereitungszeit lebten sie gemeinschaftlich in strenger und frommer Weise, ähnlich wie die ersten Christen. (Apg 4,32–37)

Als die Brüder um das Jahr 1112 das Vaterhaus endgültig verließen, schrieb Wilhelm von St. Thierry über das Ereignis folgendes:

> „Was soll ich zu dem mannhaften Geist jenes Vaters sagen? Da er an diesem einen Tag fünf Söhne, solche Söhne, fortgehen sah, blieb er nicht nur ohne Schmerz, sondern freute sich sogar sehr: einzig sie ermahnend, dass sie in allem mit Maß handelten. sollten, „Denn ich", sagte er, „ich kenne euch; selten oder nie lässt euer Eifer sich bändigen"."[4]

Da die Brüder nun aufbrachen, blieb nur der kleinste zurück, der mit anderen Jungen auf dem Platz spielte. Zu ihm sagte der älteste Bruder Guido: „Sieh, Nirvard, du kannst sorglos spielen, denn all diese Erde wird dir gehören." Aber der Kleine maulte: „Verflucht sei diese Verteilung, dass ihr den Himmel habt und ich die Erde." Der Knabe lief zu seinen Brüdern und wollte ihr Gefährte werden. Da er aber zu jung war, schickten sie ihn heim und gaben ihn seinem Vater zurück. Endlich, da sie sein Drängen nicht mehr aushielten, übergaben sie ihn einem Priester, damit er die Buchstaben lernte. Als er ein wenig gewachsen war, wurde auch er Novize in Citeaux. Nach einem Jahr empfing er die Kutte und wurde seinen Brüdern in Clairvaux wiedergegeben.

Drei Jahre blieb Bernhard als Novize und junger Mönch in Citeaux und widmete sich einem intensiven Bibelstudium bis ihm die heiligen Schriften so vertraut waren,

---

[4] Dieses und die folgenden Zitate sind Paul Sinz: Das Leben des heiligen Bernhard von Clairvaux (*Vita prima*), Düsseldorf 1962 und Wolfram von den Steinen: Bernhard von Clairvaux, Breslau 1926, entnommen.

dass sein eigenes Denken mit den biblischen Formulierungen nahezu verschmolz.

Das strenge asketische Leben der Mönche von Citeaux lief darauf hinaus, innerlich frei und damit jeder Forderung der Welt geistig gewachsen zu sein. Bernhard lernte nicht nur mit dem Allerkärglichsten an Speisen, Getränken und Schlaf auszukommen, sondern jede Stunde des Tages, ja jede Viertelstunde des Tages auszunutzen. Während der anstrengenden Feldarbeit vertiefte er sich in geistige Betrachtungen und in engster körperlicher Nähe mit seinen ruppigen Brüdern übte er seine Konzentrationsfähigkeit, um so beten zu können als ob er allein wäre. Durch den hohen Grad seiner körperlich-geistigen Disziplin erreichte er den Zustand einer ständigen Geistesgegenwart, die ihn zu einem ausgezeichneten Werkzeug Gottes werden ließ. Diese überdurchschnittliche Fähigkeit zur Kontemplation erlangte er einerseits durch die buchstäbliche Treue, womit die Mönche von Citeaux die Forderung der Hl. Schrift zu erfüllen versuchten, aber andererseits auch durch ein hohes Maß an Gnade, womit Gott den jungen Mönch immer mehr auszeichnete und in seine Dienste nahm.

Mit Bernhards Einritt begann die Gemeinschaft von Citeaux rasch zu wachsen und zu blühen. Schon ein Jahr später musste eine Gruppe von Mönchen ausgesandt werden, um ein Tochterkloster zu gründen und im folgenden Jahr ein weiteres. Als im Jahr 1115 wieder ein Auszug notwendig geworden war, stellte Abt Stefan Harding den jungen Bernard an die Spitze der Mönche. Etwa hundert Kilometer flussaufwärts der Aube fanden sie ein Tal, wo nur Unkraut zu finden war: das Wermutstal, das sie in ein Lichttal verwandeln sollten, Klaraval oder Clairvaux.

Abt in Clairvaux

Das Leben der Mönche zur Zeit der Gründung kann man sich kaum hart genug vorstellen. Die Brüder mussten zunächst Flächen für Felder und Gärten, Raum für Hütten, bis hin zur Kapelle oder Kirche, roden. Um die anstehende Arbeit zweckmäßig anzugehen, fehlte ihnen nicht selten die Erfahrung, da sich kaum Handwerker unter ihnen befanden. Ähnliches galt auch für die notwendige Nahrung. Ihre Suppen kochten sie aus Buchenblättern und buken Brot aus einem Gemisch aus Gerste, Hirse und Bohnen. Doch dem jungen Abt schien das alles nichts auszumachen. Ihn beschäftigten allein die Seelen der ihm Anvertrauten, und die Brüder bemühten sich redlich, die täglichen Sorgen der Gründung von ihm fernzuhalten. Doch bald zeigte sich, dass Bernhard den furchtbaren Entbehrungen, die er sich auferlegte, nicht gewachsen war. Mit eisernem Willen zwang er seinen Körper, doch dieser rebellierte, und er wurde bald so krank, dass man um sein Leben fürchtete. Da erbarmte sich Wilhelm von Champeaux des jungen Abtes. Er kannte Bernhard, weil er ihn als Bischof von Chalons zum Priester geweiht hatte. Als ihm die kritische Situation bewusstwurde, ließ er sich vom Ordenskapitel (Generalversammlung der Äbte) für ein Jahr zum Vorgesetzten von Bernhard machen. Dann befahl er, neben dem Kloster eine Hütte zu bauen, wo Bernhard Ruhe fand und Pflege erhielt. Dennoch erholte sich Bernhard nie wirklich. Sein Leben lang vertrug er nur sehr leichte Speisen, oft nur flüssige und selbst die erbrach er zuweilen. So war er sehr mager, und nur eine starke Lebenskraft und ein eiserner Wille hielten diesen durchscheinenden Körper zusammen

Seit Beginn hatten sich die Mönche von Citeaux „Neue Ritter" genannt. Schon ihre Herkunft bestimmte sie zu

Rittern, weil die meisten von Bernhards Gefährten Adelige waren, die ihre Kampfeslust zum Mönchtum geführt hatte. Ihr Ziel war die Eroberung des Himmelreiches. Dazu mussten sie aber zuallererst den Kampf mit sich selbst aufnehmen. Und diesen Kampf mit ihnen gemeinsam zu beginnen, war nun die Aufgabe von Bernhard, der als junger Feldherr zwar über Begeisterung und einen brennenden Willen verfügte, dem aber menschliche Lebenserfahrung weitgehend fehlte. Gemäß seiner keuschen und strengen Natur stellte Bernhard höchste Ansprüche an seine Brüder. Ausgehend von seinen inneren und sehr persönlichen Erfahrungen meinte er, jedem müsse es möglich sein, sich auf seiner Höhe zu bewegen. Manchmal gelang es ihm auch durch begeisternde Predigt oder ernstem Zuspruch, die Brüder für Augenblicke über sich selbst zu erheben, doch fielen sie bald in ihr engeres Wesen zurück, wie sie selbst traurig feststellten. Und auch Bernhard musste lernen, dass eine redliche Anspannung der Kräfte vor Gott genügt, auch wenn das höchste Ziel nicht zu erreichen war.

Die nächsten zehn Jahre galten der Sicherung und dem schrittweisen Ausbau der Klosteranlage. Während die Brüder in Clairvaux noch mit den ersten Schwierigkeiten kämpften – es dauerte Jahre, bis ihre eigene Ernte sie ernährte und eigene Haustiere Milch und Eier lieferten – kamen immer wieder junge Männer nach Clairvaux, um dem Beispiel der Brüder zu folgen. Bernhard predigte gelegentlich in den Kirchen und Schulen der Umgebung und bezauberte die adeligen und klugen Jünglinge durch seine mitreißende Rede so unwiderstehlich, dass die Frauen bald ihre Männer und Söhne festhielten, um sie von Bernhard fernzuhalten. Dieser Welle von Begeisterung zum asketischen Leben, alles zu verlassen, um nur Gott zu dienen, lag auch ein gesellschaftliches Phänomen zugrunde.

Nach Egon Friedell[5] ist

> „… der große Mann ein Geschöpf seiner Zeit, und je größer er ist, desto mehr ist er das Geschöpf seiner Zeit. Umgekehrt gilt: die Zeit ist ganz und gar die Schöpfung des großen Mannes, und je mehr sie es ist, desto voller und reifer erfüllt sie ihre Bestimmung, desto größer ist sie. Darin besteht das Wesen des Genies. Gleichzeitig besteht das Paradoxon, dass der große Mann eine beziehungslose Einmaligkeit darstellt. Er hat mit seiner Zeit nichts zu schaffen und sie nichts mit ihm."

Diese Überlegungen passen in hohem Maße auf die Gestalt des Abtes Bernhard, der, wie kein anderer, die jungen Männer seiner Zeit begeisterte, die sich durch sein Vorbild zum ritterlichen Gottesdienst hingezogen fühlten, ganz im Banne der hohen Forderung nach Selbstaufgabe und Askese. Gleichzeitig umgab den jungen Abt eine Aura von Fremdheit, die ihn auch später inmitten von jubelnden Menschen einsam und unberührbar machte.

Schon nach drei Jahren konnte das erste Tochterkloster gegründet werden, und zwei weitere in den nächsten drei

---

[5] **Egon Friedell** (Geburtsname Egon Friedmann, * 21. Jänner 1878 † 16. März 1938 war ein österreichischer Journalist und Schriftsteller, der als Dramatiker, Theaterkritiker und Kulturphilosoph hervortrat. Ab den späteren 1920er Jahren arbeitete Friedell in einem genau geregelten Tagesablauf an seinem Lebenswerk, dem dreibändigen Werk *Kulturgeschichte der Neuzeit*, in dem die Entwicklung vom späten Mittelalter bis zur Zeit des Imperialismus in origineller, scharfsinniger und zum Teil anekdotischer Darstellung geschildert wird. Friedell lässt die Neuzeit mit der großen Pest von 1348 beginnen und schildert ihren Verlauf und ihre kulturelle, geistige Entwicklung in blendender Sprache und sehr persönlicher Interpretation.

Jahren. Damals kam auch der jüngste Bruder Nirvard nach Clairvaux, und als der Vater Tescelin seine einzige Tochter verheiratet hatte, zog er seinen Söhnen nach, legte seine Mönchsgelübde ab und starb bald darauf.

Sechs Jahre nach Bernhards Eintritt umfasste der Orden schon 19 Häuser; bis zu seinem Tod sollten es 160 Klöster werden, die in allen europäischen Ländern zu finden waren. Die Verfassung, die *charta caritatis Citeauxiense*, sieht im Gegensatz zu den Klöstern, die nach benediktinischer Regel und streng monarchisch[6] geordnet waren, eine patriarchalische Leitung vor. Stephan Harding beließ jeder Klostergemeinschaft das Recht, sich selbst zu verwalten.

Eine wirksame Kontrolle wurde durch eine doppelte Institution gesichert. Zum einen besuchte der Vater Abt die „Töchterhäuser" die er gegründet hatte, nur anfangs, um zu raten und wenn notwendig, zu helfen. Ergänzt wurde die erwünschte Selbstständigkeit durch die jährliche Zusammenkunft aller Äbte in Citeaux, eine Begegnung, die bald den Namen „General-Kapitel" trug. Dadurch entstand ein harmonischer Ausgleich zwischen der Autonomie jedes einzelnen Hauses und einer für das einheitliche Geistesleben notwendigen Beziehung. Mit dieser Verfassung brachte es der neue Orden in knapp hundert Jahren auf mehr als fünfhundert Klöster.

Bernhard blieb – trotz seiner vielfältigen Aufgaben – immer Abt und Vater seiner zahlreichen Tochterklöster, weil alle, die aufbrachen, ein Stück seiner Seele mitnahmen: „Ließen sie sich auch an fernsten Gestaden nieder,"

---

[6] Die **benediktinische Klosterstruktur** sieht ursprünglich einen Abt an der Spitze des Mutterklosters vor, während alle Tochterklöster durch einen Prior verwaltet werden sollten.

so rief er, „nicht ohne mich wären sie dort! Wer könnte mich von ihnen trennen?"

Den Gründern und Leitern der neuen Klöster gab er seine Erfahrungen mit und empfahl unter Anderem, sich der Mürrischen oder Kleinmütigen unter den Mönchen besonders anzunehmen: „Es sind Seelen, die man auf den Schultern tragen muss, um sie zu heilen."

Ein wunderbares Bild und eine Weisung, die auch für weltliche Gemeinschaften nützlich und brauchbar wäre. Doch verlangt diese Haltung ein hohes Maß an Geduld, die manchmal auf eine harte Probe gestellt werden kann, so wie es auch bei Bernhard immer wieder der Fall war.

Als ihm Abt Raimund von Foigny in Briefen immer wieder seine Probleme vorlegte, antwortete ihm Bernhard eines Tages: „Indem Ihr mir keine von Euren Sorgen verschweigt, fügt Ihr meinem eigenen Leid neue Bürden hinzu." Und als der Abt Raimund daraufhin Abstand nahm, ihm weiter zu berichten, suchte Bernhard seine Worte abzuschwächen, indem er schrieb: „Ich fürchte alles, weil ich gar nichts erfahre. Verbergt nichts mehr vor mir: das von Liebe beherrschte Herz ist seiner selbst nicht mehr mächtig; es fürchtet, was ihm unbekannt ist, quält sich grundlos, gerät wider Willen in Erregung." Menschlich sehr verständlich wirkt dieser Briefwechsel, der deutlich macht, wie verantwortungsvoll Bernhard seine Pflichten wahrnahm, aber auch, wie er dadurch belastet wurde

Doch nicht nur die jungen Leute waren von dem neuen Ideal des Mönchlebens fasziniert. Auch die altehrwürdige Abtei von Cluny, die nach Jahrzehnten vorbildlichen Einsatzes in ein mildes und sanfteres klösterliches Klima abgeglitten war, wurde schließlich von der asketischen Bewegung von Citeaux angesteckt. Allerdings brauchte es einige Zeit und eines lebhaften Briefwechsels zwischen Bernhard und Peter dem Ehrwürdigen, der damals als Abt von Cluny wirkte, bis sich die ursprüngliche Eifersucht in ein freundschaftliches Miteinander verwandelte. Angefangen hatte die Auseinandersetzung damit, dass Mönche, die dem zisterziensischen Ideal auf die Dauer nicht gewachsen waren, nach Cluny auswichen. Da Bernhard in seiner jugendlichen Radikalität die Schuld bei sich selbst suchte, schickte er leidenschaftliche Epistel nach Cluny, wo er das Glück hatte, in Peter dem Ehrwürdigen einen verständnisvollen Partner zu finden, der mit seiner Lebenserfahrung das religiöse Genie in Bernhard sehr bald erkannte und entsprechend reagierte. Ich denke, dass der junge leidenschaftliche Klostergründer schnell lernte, die Überlegenheit des erfahrenen Abtes in Fragen der Menschenführung anzuerkennen, und seine überzogenen Ansprüche an die Fähigkeiten der Brüder immer besser anzupassen.

Der Geist von Citeaux breitet sich aus

Eine Bekehrung, die ganz Frankreich beeindruckte, gelang dem neuen christlichen Geist in der Person Suger von St. Denis, der als Minister des Königs in aller Weltlichkeit am Hof lebte. Von der ursprünglichen und jetzt wiedererweckten strengen Observanz innerlich berührt, stellte er ab 1127 sein Leben komplett auf den Kopf, indem er als asketischer Mönch die Staatsgeschäfte weiterführte. Er reformierte die Klöster, die seinem Einfluss unterstanden, im Sinne des zisterziensischen Geistes und blieb Bernhard sein ganzes Leben freundschaftlich verbunden.

Mit Peter dem Ehrwürdigen, dem Abt von Cluny, und Suger von Saint Denis, dem Staatsmann, hatte Bernhard zwei mächtige Verbündete gewonnen, die ihn bei seinem späteren Reformwerk helfend zur Seite standen. Eine mehr geistige Beziehung verband den jungen Abt mit dem wesentlich älteren Wilhelm von Champeaux, dem Gründer der Schule von Sankt Viktor in Paris. In dieser Schule – einer heutigen Universität vergleichbar – studierten und forschten damals die größten Geister. Einer von ihnen war der deutsche Grafensohn Hugo von St. Viktor, der Bernhards mystische Erfahrungen in die Sprache der Wissenschaft kleidete und dessen Name noch jedem modernen Theologen geläufig ist.

Obwohl Bernhard den Mönchsdienst für den vollkommensten im Königreich Christi hielt, erweiterte sich bald sein Wirkungskreis. So suchten auch Bischöfe, die von dem neuen christlichen Geist fasziniert waren, seinen Rat und handelten auch danach. Schließlich zog Bernhards Stimme fast den gesamten französischen Klerus in ihren Bann.

Das Jahr 1128 bezeichnet den Übergang des rein innerkirchlich wirkenden Bernhard ins Rampenlicht der Öffentlichkeit. Wir begegnen ihm auf der französischen Synode in Troyes, wo Hugo von Payns im Namen von neun Gefährten um Unterstützung für ritterliche Aufgaben im Heiligen Land bat. Bernhard musste den kleinen Bund – er hatte sich 1119 in Jerusalem gebildet – gekannt haben, da die Mitglieder zum Großteil dem Adel seiner Heimat entstammten.

Sie wollten das Ideal der ritterlichen Heiligkeit, die den ersten Kreuzzug beseelte, am Leben erhalten. Sie wollten sich wie Mönche ganz dem Dienste Christi widmen und doch zugleich das Schwert behalten und gebrauchen. Sie gelobten den Kampf wider die Feinde Gottes in Gehorsam, Armut und Keuschheit. Darum konnten sie sich „Neue Ritter Christi" nennen, wie sich auch schon vor Bernhards Eintritt die Zisterzienser selbst bezeichnet hatten. Da ihr Quartier in Jerusalem dicht beim Tempel Salomons lag, nannten sie sich „Tempelritter". Bernhard tat in Troyes alles, um sie zu fördern. Er schrieb ihnen eine vorläufige Regel, erwirkte die Beglaubigung und Empfehlung des Ordens durch das Konzil und verfasste einen Aufruf zum Eintritt, der dem Regeltext vorangestellt wurde:

> „... Ihr also, die ihr bisher weltlichen Abenteuern, denen nicht Christus den Grund gab, aus bloßer Menschenlust nachgegangen seid – euch fordern wir auf zu ewigem Bunde in die Gemeinschaft derer zu eilen, die Gott aus der verderbten Masse auserlesen und in gnädiger Huld zum Schutz der Kirche zusammengeführt hat. Vor allem aber: wer du auch seist, du Ritter Christi, der du so heiligen Wandel erkürst – du musst mit reinem Bedacht und Ausdauer an dein Gelübde gehen. Denn es ist vor Gott so würdig, heilig und erhaben, dass du, wenn du es rein und ausdauernd hältst, das Himmelslos unter den Kriegsleuten gewinnen wirst, die für Christus ihr Leben gelassen haben..."

Die Aufbruchstimmung war da, Bernhard hatte nur den zündenden Funken gelegt durch sein Wort. Bald fanden sich viele begeisterte Männer, die dem neuen Orden zuströmten, und er bekam auch Mittel, um Gottes Gegenwart in der „Welt" zu bezeugen und das dem Christentum feindlichste Element, den Krieg, dem Reich Christi unterzuordnen. Für moderne Menschen schwer nachvollziehbar, weil unsere Erfahrungen mit Krieg völlig anders gelagert sind. Im ritterlichen Ambiente des 12. Jahrhunderts, wo der Kampf Mann gegen Mann einer existentiellen Herausforderung gleichkam, die fasziniert und alle psychischen und körperlichen Kräfte erforderte, konnte der Kriegsdienst für die gerechte Sache schon eher als Dienst am Reich Gottes verstanden werden. Der spätere Untergang des Templerordens (1312) wird aber wieder, wie so oft, dem Reichtum, oder besser dem vermuteten Reichtum geschuldet sein....

Im Dienst von Papst Innozenz II.

Im Jahr 1130 kam es in Rom zu einer problematischen Papstwahl. Die kriegerischen Stadtparteien, die Pierleoni und Frangipani, hatten jeweils ihren Kandidaten zum Papst gekürt. Die Pierleoni hatten einen der ihren erhoben, der sich den Papstnamen Anaklet II. gegeben hatte – die andere Partei wählte, Kardinal Gregor zum Papst, der als Innozenz II. Geschichte schrieb. Im Grunde war es ein unlösbares Dilemma, das dieses Schisma hervorgerufen hatte, da die Wahlordnung bei beiden Päpste erhebliche Mängel aufwies. Daher mussten sich beide Päpste um Beglaubigung bemühen und an Könige, Bischöfe und Völker appellieren, um ihre Rechte anerkannt zu wissen. Anaklet II. hatte in Roger von Sizilien in Rom einen sehr nahen Bündnispartner. Daher war Innozenz II. gezwungen zu fliehen, und er wandte sich zunächst nach Frankreich. Ludwig IV. berief daraufhin die weltlichen und geistlichen Größen nach Etampes. Da von beiden Päpsten Briefe und Berichte vorlagen, wurde Bernhard gebeten, der Versammlung sein Urteil vorzulegen. Er fand die Rechtslage verwirrend und zu vieldeutig, um ein begründetes Urteil bezüglich der Rechtmäßigkeit der Wahl abzugeben, doch erschien ihm Innozenz II. als Person der Würdigere zu sein. Diese persönliche Entscheidung trug er mit Ernst und charismatischem Feuer vor, sodass die mächtigsten Männer von Frankreich für Innozenz II. gewonnen wurden. Damit hatte Bernhard sein Leben mit dem „seines Papstes" für die nächsten Jahre untrennbar verbunden. Da sich der englische König Heinrich I. um diese Zeit gerade in

Frankreich aufhielt, versuchte Bernhard, auch ihn für Innozenz zu gewinnen. Als dieser zögerte, fragte er ihn:

„Was fürchtest du? Fürchtest du in Sünde zu geraten, wenn du Innozenz gehorchst? Denke nur, wie du deine anderen Sünden vor Gott verantwortest: dies hier überlass mir, auf mich falle die Sünde darin!"

Das war eine Sprache, der damals niemand widerstehen konnte, und der König anerkannte Innozenz und dessen Amtshoheit. Inzwischen hatte auch der heilige Norbert – der Gründer der Prämonstratenser[7], der mit Bernhard persönlich befreundet war – in Deutschland für Innozenz gewirkt. Am Reichstag zu Würzburg wurde er. von König Lothar als rechtmäßiger Papst anerkannt und von ihm, dem deutschen König, zu Beginn des Jahres 1131 inmitten seiner Großen und der Geistlichkeit in Lüttich empfangen. Innozenz war von Bernhard begleitet, den er vorläufig nicht losließ, weil ihm wohl klar war, was er diesem klugen und charismatischen Mönch verdankte.

Und das war gut so, weil König Lothar die Gunst der Stunde nützen und das alte Investiturrecht[8] erneuert

---

[7] **Prämonstratenser:** Der Orden ist ein Zusammenschluss selbständiger Klöster und wurde im Jahr 1120 von Norbert von Xanten mit dreizehn Gefährten in Premotrè bei Laon, gegründet. Es ist eine Gemeinschaft, die sich am Ideal des gemeinsamen Lebens im Stil der Urkirche orientierte und aus der sich bald auf der Grundlage der Augstinerregel eine klösterliche Gemeinschaft entwickelte.

[8] Im **Wormser Konkordat** (1122) akzeptierte Kaiser Heinrich V. den Anspruch des Papstes auf das Recht der Investitur von Bischöfen in deren Amt und verzichtete auf die bis dahin geübte Investitur mit Ring und Stab. Im Gegenzug räumte Papst Calixt II. ein, dass die Wahl der deutschen Bischöfe und Äbte in Gegenwart kaiserlicher Abgeordneter verhandelt, und der Gewählte vom Kaiser durch das Szepter belehnt werden solle. Damit wurde der immer wiederkehrenden Praxis des Ämterkaufes (Simonie) oder fürstlicher Machtinteressen eine klare Grenze gesetzt.

haben wollte. Die bestürzten Mitglieder der Kurie erstarrten, doch Bernhard erklärte freimütig, dass es dem König nicht anstehe, die Erfüllung seines Amtes an Bedingungen zu knüpfen. Darauf konnte Lothar nichts erwidern, war aber Manns genug, seine Schwäche nicht mit Gewalt zu kaschieren, sondern sich vor der Hoheit des einfachen Abtes zu beugen.

Abb. 3: Hl. Bernhard: Kathedrale von Troyes

Doch war die Schlacht für Innozenz noch lange nicht geschlagen. Immer wieder musste sich Bernhard als Beschützer des Papstes auf den Weg machen: Einmal nach Deutschland und drei Mal nach Italien. Am 30. April 1131 zog König Lothar mit Innozenz in der ewigen Stadt ein, die sich infolge des Bürgerkrieges in einem verwahrlosten Zustand befand. Anaklet II. und seine Anhänger blieben jenseits des Tibers in ihren Festungen verschanzt und behielten auch St. Peter unter ihrer Kontrolle. Doch war das kaiserliche Heer nicht stark genug, um sie aus ihren Verteidigungsstellungen zu vertreiben, sodass man eine andere Lösung suchte. Schließlich wurde Lothar in der Lateranbasilika von Innozenz II. zum Kaiser gekrönt.

Von 1130 bis 1138 sollte es dauern, bis Innozenz II. als alleiniger Papst in Rom seines Amtes walten konnte. Dass dieser Erfolg so lange auf sich warten ließ, hatte mehrere Gründe. Zum einen war die Partei der Pierleoni in Rom sehr mächtig und angesehen. Dazu kam, dass Roger II. von Sizilien aus eine ständige militärische Präsenz für Rom leisten konnte, während Kaiser Lothars deutsche Heere nur für gewisse Zeiträume verfügbar waren. Darüber hinaus setzte sich der Zwist um die Anerkennung der beiden Päpste in den unteren Rängen fort. Um ihres eigenen Vorteils willen zögerten zahlreiche Herren ihre Entscheidung für Innozenz II. hinaus. Auch wurden manche Bistümer, nach dem Vorbild Roms, durch Doppelwahl unregierbar. Daher kostete es Bernhard unsägliche Mühe, die Anerkennung des rechtmäßigen Papstes bei Fürsten und mächtigen Städten durchzusetzen. Doch unverdrossen unternahm er – trotz Krankheit und Schwäche – die beschwerlichsten Reisen nach Frankreich, Deutschland und Italien, um für seinen Papst die Anerkennung zu gewinnen.

Kardinal Peter von Pisa war von Anfang an einer der bedeutenden Anhänger des Gegenpapstes Anaklet. Diesen gelehrten Mann wollte nun Roger II. für seine Pläne einsetzen und bat ihn nach Salerno. Im Vorfeld hatte er an Innozenz II. appelliert, seinen Kanzler Aimerich und den Abt von Clairvaux zur endgültigen Klärung des Streites an seinen Hof zu bitten. Von Peter von Pisa erwartete er, da dieser sehr beredt und in Rechtsanliegen sehr bewandert war, dass er dem lästigen Mönch vor öffentlicher Ratsversammlung mit schlagenden Argumenten begegnen und diesen aufmüpfigen Geist zum Schweigen bringen werde. Roger konnte das Schisma reichlich egal sein, doch hatte er mit Einverständnis von Anaklet Besitzungen von St. Peter einbehalten, die er unter einem anderen Papst vermutlich wieder herausgeben müsste. Es war also ein sehr handfestes Interesse, das Roger II. mit der Disputation in Salerno verband.

Über diese Begegnung hat sich ein Augenzeugenbericht erhalten, der in skizzenhafter Weise die unglaublich manipulative Kraft der Bernhardpredigt unter Beweis stellt.

Peter von Pisa begann viele Kapitel aus dem geistlichen Recht vorzutragen, womit er den Beweis erbringen wollte, dass die Wahl des Anaklet nach kanonischem Recht erfolgt sei. Gegen diese gelehrte Beweisführung fuhr nun Bernhard mit schwerem Geschütz auf:

> „Ich weiß mein Herr, dass ihr vollkommen die Gesetze kennt, ihr, seit langem in ihnen geschult. Ich hingegen bin ein bäurischer, einfältiger Mensch, und die uns anhören sind Menschen ohne Wissenschaften und Verständnis dessen, was eure Klugheit in solcher Fülle ausbreitet. Ich sage also ein Wort in meinem Unverstand, das sich auch ihrer Einsicht nicht entziehen wird."

Bernhard stellte dann in Rede und Gegenrede sicher, dass auch Peter die Geschichte der Sintflut so verstand, dass Gott dem verwerflichen Treiben der Menschen ein Ende setzen wollte und Noah den Bau der Arche aufgetragen hatte: **Eine** Arche wohlgemerkt! Peter bestätigt darüber hinaus die allegorische Bedeutung der Arche Noahs, als Urbild der Kirche. An diesem Punkt setzte Bernhard mit seiner Predigt an: „Also, wenn man zwei

Archen zimmert, dann ist eine nicht von Noah und offenbar wird sie mit allen, die in ihr sind, in der Sintflut untergehen. Da denn Peter Leonis die eine Arche gebaut hat und unser Innozenz die andere regiert, so muss notwendig von den zweien eine zugrunde gehen. Untergehen werden also mit Innozenz alle Gottgeweihten, die auf der ganzen Erde sind, Karthäuser, Kamaldulenser, Cluniazenser, Praemonstratenser und auch unsere Citeauxienser und überhaupt alle, die Nacht und Tag in Vigilien und Gebeten, in Fasten und mit vielen Arbeiten Gott dienen. Untergehen wird die Kirche, die über den Erdkreis weit und breit zerstreut ist, untergehen werden die Bischöfe und Hirten der Kirche außer wenigen; untergehen werden Edle und Unedle, Könige und Fürsten insgesamt – außer diesem Herrn da – da zeigte er auf Roger. (...) Welches große Verdienst, ich bitte euch, hat denn dieser Mann gehabt, dass in so großer Sintflut, beim Untergang so vieler Heiligen, allein sein Haus gerettet werde? Zur Zeit der Sintflut wurde allerdings allein Noah mit den Seinen gerettet, weil er allein als gerecht gefunden ward. Ich frage also, ihr Männer, die ihr diesen Leo (Anaklet) kennt, sagt mir: Welche Wallfahrten, welche Fasten, welche Almosen hat dieser Mensch geleistet, dass sein Haus zurzeit so mächtigen Zornes so mächtigen Vorzug verdient hätte?"

Da knirschte der Tyrann (Roger II. von Sizilien) mit den Zähnen und erblich, Peter war verwirrt und antwortete nichts; aber die gesamte Zuhörerschaft gab Beifall. Bernhard, Peters Hand ergreifend und aufstehend, führte den Mann aus dem Rate und sprach zu ihm: „Wenn ihr mir glaubt, wir haben die verlässlichere Arche erwählt!"

Noch in Salerno wurde Peter von Bernhard gewonnen, doch schwieg er zunächst aus Furcht vor Roger. Nach Rom zurückgekehrt, sagte er sich von Anaklet los und huldigte Innozenz. Bald nachdem Bernhard seinen wichtigsten geistlichen Helfer überzeugt hatte, starb der Pierleone Anaklet Das Schisma wäre damit zu Ende gewesen, wenn nicht die gegnerischen Kardinäle einen der Ihren zu erheben wünschten, den sie Viktor nennen wollten. Doch Bernhard besuchte den alten Mann, der offensichtlich nur als Werkzeug der Adeligen eingesetzt war und führte auch ihn zu Innozenz. Während ein groß angelegtes Versöhnungsfest für Bernhard, den „Vater des Vaterlandes", in Rom inszeniert wurde, betete dieser an den Gräbern der Märtyrer und zog sich bald nach Clairvaux zurück.

Doch Clairvaux war auch keine Stätte der Ruhe mehr. Um 1138, als Bernhard von Salerno und Rom zurückkam, gab es hunderte von Mönchen in Clairvaux. Dazu kamen Besucher und Boten, die Briefe von den Äbten der Tochterklöster übergeben sollten. Gleichzeitig kamen die Überbringer von Briefen vom König, von Fürsten, Kardinälen und Bischöfen. Alle erwarteten sie Rat und Hilfe vom Abt von Clairvaux, der vergeblich den Vorsatz fasste, als Mönch in strenger Klausur zu leben. Es half ihm nichts. Auch wenn er nicht in der Welt leben wollte, kam die Welt zu ihm. Und so fasste er für sich den Entschluss, dass er um des geliebten beschaulichen Daseins willen, die aktive Teilnahme am Leben der Kirche und der Welt nicht vernachlässigen dürfe.

Während sich Bernhard der Erziehung seiner Mitbrüder widmete und wunderbare Predigten zum Thema „Hohelied" verfasste, blieb er dennoch den Problemen der Gesamtkirche lebendig verbunden. Vor allem dort, wo es um Klarheit und Sicherheit der geistlichen Ordnung ging, war und blieb er ein stets wachsamer Mahner. Damit machte er sich zweifellos nicht nur beliebt, wenn er bei strittigen Bischofswahlen in sehr emotionaler Weise eingriff und in einer Sprache argumentierte, die man einem „Heiligen" nicht zugestehen wollte.

Schon damals sah man Heilige als Männer und Frauen, die Menschen Reuetränen entlocken sollten und nach ihrem Tod verehrt werden könnten; nicht aber als lebendige Zeugen Christi, die Rat gaben und diesen Rat auch durchsetzen wollten. Noch heute kann man Bernhards Briefen entnehmen, dass es leichter war, seine flammende Zornesrede zu bewundern und ihn zu lieben, als seinen Ansprüchen gerecht zu werden.

Die Auseinandersetzung mit Abälard

Schon im 12.Jh. begann die Auseinandersetzung um die Frage, welches Gewicht der natürlichen Vernunft in Glaubensfragen zukäme. Die Schule von St. Viktor stand voll und ganz in der Tradition der Väter, die den ganzen Menschen, als Einheit von Vernunft, Willen und Herz verstand, der unter der Führung des Glaubens seine irdischen Pflichten zu erfüllen habe. Auf der anderen Seite stand Abälard, der davon ausging, dass die geoffenbarten Glaubensgeheimnisse auch mit dem Verstand begreifbar sein müssten. Die Folge war vorherzusehen, da sich gerade die Tiefen der christlichen Gotteserkenntnis der verstandesmäßigen Erfassung weitgehend entziehen, wie z.B. das Geheimnis der Hl. Dreifaltigkeit und die Menschwerdung des Logos. Darüber hinaus reflektierte Abälard über den freien Willen, die Erbsünde und die mündliche Überlieferung, die er aus seiner Perspektive interpretierte. Diese Themen konnten von ihm allein zweifellos nicht bewältigt werden – dazu bedurfte es eines größeren und umfassenderen Geistes – der sich in der Person des heiligen Thomas von Aquin finden sollte. Allerdings gebührt Abälard bis heute der Ruhm, dass er durch seinen hermeneutischen Ansatz und seine textkritischen Analysen zur Entwicklung der scholastischen Methode wesentlich beigetragen hat.

Abälard rüttelte an den Grundfesten der Glaubensüberlieferung und war dadurch eine Gefahr geworden, weil ihm der Zeitgeist entgegenkam, sodass er eine zahlreiche Anhängerschaft um sich versammeln konnte. Wenn jemand in der einsamen Zelle verquere Überlegungen und häretische Sätze formt, dann kann man das hinnehmen. Doch wenn es Leute gibt, die den neuen Inhalten nicht nur vertrauen, sondern diese zu ihren eigenen machen, dann werden die irrigen Ansichten zu Spaltungsherden. Deshalb versuchten Päpste und Bischöfe, und im vorliegenden Fall – die zentrale geistige Kraft dieser Zeit, der Abt von Clairvaux – Abälard dazu zu bringen, von seinen Irrtümern Abstand zu nehmen.

Bernhard war in Schulstreitigkeiten bislang auf Distanz geblieben. In seiner Denkweise neigte er zu den Viktorinern, mit denen ihn eine innige Freundschaft verband. Doch gerade von diesen wurde er nun zu Hilfe gerufen, um Abälard in die Schranken zu weisen. Es war eine Aufgabe, die er nur ungern übernahm, doch sie war nötig für das Wohl der Kirche, und daher musste er sich fügen.

Zuerst versuchte sich Bernhard mit Abälard direkt zu verständigen, wobei die Frage im Zentrum stand, in welchem Verhältnis Vernunft und Glaube zueinanderstehen. Bernhard wollte Abälard zum Widerruf bewegen, doch die Angelegenheit hatte schon größere Kreise erfasst, und so sah er sich, der nie nach Gelehrsamkeit gestrebt hatte und kein Theologe war, plötzlich an der Spitze der Eiferer gegen die Neuerungen.

Wie sich die Ereignisse gleichen! Als Arius in Nordafrika die Gottheit Chrisi leugnete und mit seinen häretischen Aussagen weite Kreise von Anhängern gewann und der

Bischof Alexander von Alexandrien ihn zum Stillschweigen und Einlenken überreden wollte, geschah Ähnliches. Vor einem Konzil wollte sich Arius verteidigen, im Bewusstsein der Richtigkeit seiner eigenen Überzeugung und überlegenen Sprache, um seine Gegner zu bezwingen.

Auch Abälard, dem in der verbalen Diskussion keiner gewachsen war, forderte Bernhard, seinen großen Gegner, vor die Bischöfe und den König auf dem Konzil zu Sens (1140) heraus. Bernhard nahm den Fehdehandschuh auf und ließ der Versammlung der Bischöfe siebzehn Sätze vorlegen, die von der Schule von St. Viktor als Irrlehren definiert waren. Als Abälard erschien, wurde ihm bald bewusst, dass seine Appellation an ein Konzil unklug und unbedacht war, weil er erwarten konnte, dass man ihn zur Verteidigung seine Sätze aufrufen würde. In diesem Fall würde ihm seine Redegewandtheit nichts nützen, weil er selbst genau wusste, wo die Schwächen in seinem gedanklichen Konstrukt zu finden waren. Da er sich standhaft weigerte, seine Lehren zu verteidigen, wurden vierzehn seiner Sätze vom Konzil feierlich verurteilt.

Während Arius noch viele Jahre gegen die katholische Wahrheit massiv ankämpfte und seine irrige Lehre – dass Christus nicht Gott, sondern nur ein besonderer Mensch gewesen sei – von vielen Menschen, ja von ganzen Germanenstämmen als Glaubensgrund angenommen wurde, blieb Abälard versöhnlich und traf sich mit Bernhard, um ihm, gleichsam außerhalb der philosophischen Fragen, menschlich zu begegnen. Das war Größe von beiden Seiten.

In jenen Jahren wechselten die Herrscher. In Frankreich war auf den alten Ludwig ein junger Ludwig gefolgt, in Deutschland auf Lothar der Staufer Konrad III., der seine Königsmacht erst mühsam festigen musste. In Sizilien war Roger II. weiter an der Macht geblieben und hatte sich schließlich mit Papst Innozenz II. versöhnt, nachdem er ihn zweimal aus Rom vertrieben hatte. Als Innozenz starb, folgten zwei Päpste, die zusammen kaum anderthalb Jahre regierten. Entscheidend wurde die nächste Papstwahl, die den Abt Pagnelli aus dem Zisterzienserkloster Pisa auf den Papstthron erhob, als Eugen III.

Nach glücklicher Beendigung des Schismas hatte Bernhard seine nähere Umgebung nur einmal verlassen, um in Südfrankreich zu predigen. Hier hatten sich Neuerer um den „christlichen Glauben angenommen". Es waren die Vorläufer der späteren Waldenser[9], die gegen die verweltlichte Kirche polemisierten und durch äußerliche Strenge die Leute beeindruckten und viele Anhänger gewannen. Bernhard erkannte die Gefahr und schrieb Briefe an die betroffenen Bischöfe. Doch sollten sie keinesfalls mit Gewalt vorgehen, „denn der Glaube müsse

---

[9] Ein reicher **Lyoner Kaufmann**, namens **Waldes** hatte sich um das Jahr 1170 bekehrt und zur Wanderpredigt in Armut entschieden. Ursprünglich wollte Waldes und seine Anhänger keine Trennung von der Kirche. Sie versuchten zunächst nur nach dem von ihnen verstandenen apostolischem Ideal zu leben, d.h. dass sie in freiwilliger Armut als Wanderprediger missionarisch wirken wollten. Zunächst erhielt Waldes Rückendeckung von der Kirche (Drittes Laterankonzil). Doch als die Waldenser den Lebenswandel von Klerikern und Bischöfen kritisierten und dogmatische Fragen nach ihrer persönlichen Auffassung zu interpretieren begannen, was nach damaligem kirchlichem Gesetz den Bischöfen vorbehalten war, kam es zu Konflikten zwischen den selbsternannten Wanderpredigern und dem Episkopat. Im Laufe der Auseinandersetzungen sagten sich die Waldenser von der Kirche los, blieben aber trotzdem eine christliche Gruppierung, die zum erbitterten Feind der Katharer wurde. Ihrem christlichen Fundament ist es auch zu verdanken, dass unter dem umsichtigen Papst Innozenz III. schon große Teile der Waldenser wieder mit der Kirche versöhnt werden konnten.

durch Überzeugung gewonnen und nicht mit dem Schwerte erzwungen werden."

Als im Languedoc Heinrich von Lausanne, ein ehemaliger Clunyazenser Mönch, gegen die Kirche und ihre Vorsteher ins Feld zog und viele Anhänger gewann, machte sich Bernhard, trotz Krankheit und Schwäche auf und erschien in Toulouse. Heinrich und seine Genossen flohen. Aber das Volk ließ sich nicht so leicht von seinen Irrtümern zurückholen. Erst als Bernhard ein offensichtliches Wunder wirkte, schlug die Stimmung um. Ähnliches ereignete sich auch in anderen Städten. Doch der Sieg Bernhards blieb nur ein vorübergehender. Die Wiederkehr der Irrlehren der Albigenser und der Waldenser im Süden Frankreichs erlebte Bernhard aber nicht mehr.

Bernhard als Kreuzzugsprediger

Bei der heutigen Beurteilung der Kreuzzüge scheint die historische Perspektive eine ähnliche Wirkung zu haben, wie bei der Völkerwanderung. In beiden Fällen handelt es sich um Einzelereignisse, die als Ganzes gesehen, eine verschmelzende Vereinfachung und Interpretation nahelegen. Dazu kommt, dass die Kreuzzüge von ihrer Intention her offensichtlich erfolglos blieben.

Das gilt allerdings nicht für den Ersten Kreuzzug (1096-1099), der von Papst Urban II. intendiert wurde. Die Losung für den ersten Kreuzzug war „Jerusalem" gewesen: die Stadt des Herrn, die Stadt der höchsten Erinnerung und die Stadt der höchsten Hoffnung: Jerusalem war auch der Name für Gottes ewige Stadt, für das Himmelreich. Die Heilige Stadt war zu befreien und zurückzugewinnen. Seit dem 7. Jahrhundert fand die islamische Expansion statt: Die militärische Unterwerfung und die

Besiedlung (teilweise verbunden mit Übergriffen) christlicher Gebiete durch arabisch-muslimische Eroberer im Nahen Osten, in Nordafrika sowie (bis zur Rückeroberung im Rahmen der Reconquista) in Spanien und Portugal. Seit 638 stand Jerusalem unter muslimischer Herrschaft.

Dem „Ersten Kreuzzug" war ein Hilferuf des byzantinischen Kaisers Alexios I. Komnenos um militärische Unterstützung gegen die Seldschuken vorausgegangen. Dies löste den Aufruf Papst Urbans II. aus, der in Clermont (1095) zur Befreiung Jerusalems und des Heiligen Landes aus der Hand der Muslime aufforderte.

Unter der Regierungszeit des fatimidischen Kalifen Al-Hakim war es 1009 zur Eroberung Jerusalems und der Zerstörung der Grabeskirche gekommen. 1078 hatten die sunnitischen Seldschuken, geführt von Emir Atsiz bin Uwaq, Jerusalem den Fatimiden kriegerisch abgenommen und ein entsetzliches Blutbad angerichtet; nicht nur unter den verfeindeten schiitischen Fatimiden, sondern auch unter den christlichen und jüdischen Bewohnern. Die Eroberer verboten danach jede Reparatur an Synagogen und Kirchen und erschwerten den Zugang zu den heiligen Stätten. Pilgerfahrten ins Heilige Land wurden wegen der andauernden Kriege zwischen Seldschuken und Byzanz fast unmöglich. Im August 1098 stießen die Fatimiden erneut gegen Jerusalem vor und warfen die verfeindeten Seldschuken bis nach Syrien zurück; auch gelang es ihnen in extrem blutigen Kämpfen Jerusalem zurückzuerobern.

Von christlicher Seite wurde die Eroberung des Heiligen Landes und die Zurückdrängung der Seldschuken und Fatimiden als Rückeroberung und als ein Akt der Verteidigung des Christentums betrachtet, welcher durch offiziellen Beistand und Unterstützung der Kirche bekräftigt wurde. Ein Kreuzzug war zugleich Bußgang und Kriegszug, der direkt von Gott durch das Wort des Papstes verkündet wurde

Abb.4: Belagerung Jerusalems

Die Teilnehmer legten dazu ein rechtsverbindliches Gelübde ab, ähnlich wie bei einer Pilgerfahrt. Die offiziell verkündeten Kreuzzüge wurden als Angelegenheit der gesamten abendländisch-katholischen Christenheit gesehen und daher bestanden die Kreuzfahrerheere in der Regel aus „Rittern" aus ganz Europa.

Nach unsäglichen Mühen, Entbehrungen jeglicher Art, die wieder von Seiten der Europäer mit unmenschlichen Grausamkeiten beantwortet wurden, gelang es, 1099 Jerusalem zu erobern und in der Region vier Kreuzfahrerstaaten zu errichten. Die Uneinigkeit zwischen den Kreuzfahrerherrschaften und ihre daraus resultierende Schwäche wurde von Emir Zengi von Mossul im Jahre 1144 dazu genutzt, Edessa zu erobern und alle Franken (Bezeichnung der Muslime für alle Kreuzfahrer) in der Stadt zu töten. Dadurch gerieten die verbliebenen Kreuzfahrerherrschaften in unmittelbare Bedrängnis. Als nun Edessa gefallen und die Region durch die Seldschuken maßgeblich gefährdet war, dachte der junge König Ludwig VII. an eine Waffenfahrt ins Heilige Land. Doch die Begeisterung des Adels hielt sich in Grenzen. Man kannte die Gefahren jetzt besser und wusste, wie viele materielle Mittel und wieviel Blut das Abenteuer im Orient kostete. Suger von St. Denis und auch Bernhard lehnten das Vorhaben zunächst ab und verwiesen den König an Papst Eugen III. Der Papst billigte aber nicht nur den Entschluss des jungen Königs, sondern forderte selbst zu einem neuen Kreuzzug auf und machte Bernhard zu dessen Prediger. Dieses Amt sollte seinen größten Ruhm begründen und gleichzeitig zu seiner größten Enttäuschung werden.

Es begann in Vezelay im mittleren Burgund. Da die Kirche die Menge nicht fassen konnte, schlug man auf offenem Hügel eine Kanzel auf. Als Bernhard die Kreuzzugsbulle verlesen und mit seinen eigenen Worten für die Idee geworben hatte, brach sich zum ersten Mal die Begeisterung Bahn, die ihn ab nun und während eines ganzen Jahres begleiten sollte. Er warf die Kreuze in die jubelnde Menge und zerriss am Ende noch seinen Mantel, weil sie nicht reichten. An den Papst schrieb er:

„Ihr habt befohlen, ich habe gehorcht, und der Gehorsam war fruchtbar durch die Macht des Gebieters. Denn ich habe verkündigt und geredet, und sie vermehrten sich über alle Zahl. Städte und Burgen leeren sich, und bald finden sieben Weiber nicht einen Mann – so bleiben überall die Witwen zu Lebzeiten der Männer zurück."

Wie unter Papst Urban II. nach dem Konzil von Clermont, zog Bernhard nun durch die Provinzen, um ein Heer aufzustellen. Zuerst predigte er in Frankreich, dann wandte er sich nach Flandern und zog im Herbst rheinaufwärts bis in die Schweiz und wieder zurück. Dieser deutsche Weg wurde zur Höhe seines Ruhms. Ehe er kam, hatte einer seiner Mönche ohne Auftrag gepredigt und die Menschen mehr gegen die Juden als gegen die Heiden entflammt. Bernhard schickte den unberufenen Prediger zurück nach Clairvaux, um dort nachzudenken und machte der Judenverfolgung ein Ende. „Er nahm kein Lösegeld von den Juden" – schreibt die hebräische Chronik – „denn er hatte vom Herzen Gutes für Israel geredet (…) Hätte die Barmherzigkeit des Herrn nicht diesen Priester gesandt, so wäre von ihnen kein Erretter und Entronnener übriggeblieben. Gelobt sei der erlöst und errettet, Amen."

Daniel Rops[10] meint zu der Art, wie Bernhard vermutlich gepredigt hat, folgendes:

„Es ist sehr wahrscheinlich, dass Bernhard den Kreuzzug nicht in der Weise gepredigt hat, wie man das normalerweise versteht. Man braucht sich nur vorstellen, dass in seinem damaligen Alter seine Gesundheit schon ruiniert war und er sicherlich über keine Stimme mehr verfügte,

---

[10] Vgl. Daniel Rops, Bernhard von Clairvaux und seine Söhne, Heidelberg 1964

mit der er ohne technische Hilfsmittel eine große Menge von Menschen erreichen konnte. Überdies liegt im Fall seiner Predigten in deutschen Landen kein Grund vor anzunehmen, dass sich das Pfingstwunder wiederholte. Die Menge verstand kein Wort von dem, was er sagte und war dennoch begeistert. Einzig seine Gegenwart genügte schon wegen des Rufes, den er sich erworben hatte und wegen der Legenden, die ihn schon zu Lebzeiten umgaben, um die Menschen zu verzaubern. Er brauchte gar nicht zu sprechen, um das zu erreichen. Die Menge verstand kein Wort von dem, was er sagte und war darum aber nicht weniger begeistert!"

Vielleicht wurden seine Texte in Übersetzungen verlesen – doch das scheint unwesentlich. Er war da! Der legendenumwobene Heilige, der Held des Jahrhunderts, war da und das genügte. Und er heilte nahezu mühelos die Kranken, die man zu ihm brachte. Wie konnte man da nicht für die Kreuzzugsidee begeistert sein, wofür der heilige Mann unterwegs war. Mögen einige Beispiele von seinen Heilungswundern in Köln genügen, die von Augenzeugen überlieferte wurden:

So berichtet Abt Erwin von Steinfelde: „Auf dem Platz, wo der selige Mann redete, weil die Kirche die Menge nicht fassen konnte, erhielt ein Blinder vor uns die Sehkraft und ein Krüppel mit einem vertrockneten Arm wurde geheilt." – „Nach dem Frühstück," so berichtet der Mönch Eberhard, „geschahen viele Wunder an diesem Tage. Wir haben es genau gesehen und nachgeprüft. Der Heilige stand am Fenster. Auf einer Leiter wurden ihm die Kranken gebracht. Denn keiner wagte die Haustüre zu öffnen. So groß war der Andrang der Menge." Weitere Einzelheiten berichtete der Mönch Gerhard aus Clairvaux: „Um neun Uhr verlangte eine Menge von Kranken, der Mann Gottes möge herauskommen ... Da ging er auf die Straße und segnete alle der Reihe nach, wie sie dasaßen.

Vor aller Augen wurden zu dieser Stunde vierzehn Kranke gesund, sieben Lahme, fünf Taube, ein Knabe mit verkrüppelten Gliedern und eine blinde Frau. Bei den einzelnen Heilungen frohlockte das Volk, und sein Lobpreis drang durch die Wolken: „Christus uns gnade! Kyrie eleison!"

Der Bericht über Köln schließt mit den Worten des Abtes von Aldenkamp: „Wir sind Zeugen aller dieser Dinge. Zeuge ist auch die Stadt Köln. Das geschah nicht in einem Winkel, sondern vor aller Welt."

Abb. 5: Hl. Bernhard, Glasfenster Oberrhein

Wenn man diesen Berichten Glauben schenkt – und die historischen Quellen lassen darüber kaum Zweifel aufkommen – dann fragen wir uns vielleicht, wie diese Spontanheilungen möglich waren. Viele Fragen und eine wohlbekannte Skepsis werden entstehen. Doch vielleicht erhebt sich auch, mehr oder weniger bewusst, die Frage: „Was wäre, wenn?" Wenn wir ehrlich sind, dann gibt es auch in unserem Leben einige Probleme, die wir selber nicht lösen können und auch niemand anderer. Wie oft wünschen wir, dass uns jemand hilft, unmittelbar und ohne Wenn und Aber? Wir erwarten Hilfe von Menschen und nur selten von Gott. Doch neigen wir dazu, SEINE Hilfe in unserem Sinn einzufordern. Wenn es dann nicht geschieht, wie wir es erwarten, dann wenden wir uns frustriert anderen Dingen zu, um uns abzulenken; meistens ohne darüber nachzudenken, warum sich die Dinge anders entwickelten, als wir erwarteten. Wunder erhoffen wir auch manchmal: Aber wir wollen diese uns selbst verdanken.

Die Wunder Bernhards umgibt ein Geheimnis, das sich damals und noch weniger heute enthüllt. Sie stehen nicht als Einzelereignisse vor uns, sondern scheinen gerade durch ihre Fülle eine Botschaft zu vermitteln, die über die Zeit und den Anlass hinausweist. Wir erinnern uns vielleicht an die Wundertaten im Alten Testament, wo Gott Moses immer wieder beistand, um das Volk sicher durch die Wüste zu führen. Vielleicht war Bernhard als anderer Moses berufen, der durch Wunder und Zeichen den Zweiten Kreuzzug einleiten sollte. Auch könnte man die triumphale Phase seiner Rheinfahrt, die durch seine Wunderkraft bestätigt wurde, in Parallele zur erfolgreichen Lehrtätigkeit von Christus setzen. Auch IHM brachte man die Kranken und erwartete Wunderheilungen. Auch Christus wurde anfangs bejubelt. Doch sehr bald wendete sich das Blatt, und man vergaß, was er für die einzelnen kranken Menschen getan hatte. Sein

Leben endete auf dem Kalvarienberg – das Misslingen des Kreuzzuges wurde für Bernhard zu seinem Kalvaria.

Papst Eugen III. hatte anfänglich nur an Streitkräfte aus Frankreich und Italien gedacht. Erst Bernhard kam auf seiner Rheinlandreise auf die Idee, auch König Konrad zu gewinnen. Konrad wehrte sich anfangs gegen das Ansinnen Bernhards und wollte keineswegs mitmachen. Obwohl ihn dieser wiederholt um seine Teilnahme ersuchte, blieb er bei seiner ursprünglichen Entscheidung. Doch schließlich gelang es Bernhard den König zu überzeugen, indem er ihm alles aufzählte, was er Gutes von Gott geschenkt bekommen habe. Auch diesmal wieder in Anspielung auf die Hl. Schrift, wo Gott den König David[11] aufzählen lässt, was er von ihm bekommen habe und er sich trotzdem die Frau von Urias unrechtmäßig genommen hatte. In Konrads Fall war es der Ruf des Propheten Bernhard, dass er seine Dankbarkeit unter Beweis stellen und am Kreuzzug teilnehmen solle.

„Und Konrad sprach unter Tränen: „'Ich erkenne ganz die göttlichen Gnadengeschenke, und nicht wird man mich fortab – er selbst verleihe es – undankbar finden. Ich bin bereit ihm zu dienen, denn von Ihm mahnt es mich nun.'" Sprachs und siehe da, den Spruch vom Munde des Redenden erhaschend, bricht das Volk in lautes Gotteslob aus. Sogleich wurde der König mit dem Kreuz gezeichnet und empfing das Banner vom Altar aus der Hand des Vaters, um es im Heere des Herrn mit eigener Hand zu tragen. Da empfing es auch sein Neffe, Herzog Friedrich der Jüngere, und es empfingen andere Fürsten das Kreuz. Am selben Tag aber erhielt neben der Kapelle, wo der Heilige Vater die Messe gefeiert hatte, ein lahmer Knabe in meiner Gegenwart den Gang zurück. (Bericht eines Zeitzeugen)."

---

[11] 2 Sam 11,1-27 und 12,1-25

Beide Könige, die in Frage kamen, eine große Zahl von Fürsten und viel mehr Leute, als man brauchen konnte, waren gewonnen. In Briefen hatte sich Bernhard auch an andere christliche Herrscher gewandt. So wurden auch in Dänemark und Spanien Kriegsheere gerüstet. Roger II. stellte seine Seemacht bereit, und auch Engländer und Niederländer bemannten eine Flotte. Bernhard tat nun alles Mögliche, um Ordnung in die Begeisterung und Plan in das große Abenteuer zu bringen. Doch waren seine Briefe ohne Wirkung. Allerdings muss hier angemerkt werden, dass sich diese zweite Unternehmung vom Ersten Kreuzzug sehr wesentlich unterschied. Die Losung für den Ersten Kreuzzug war „Jerusalem" gewesen: die Stadt des Herrn, die Stadt der höchsten Erinnerung, und auch die Stadt der höchsten Hoffnung – weil Jerusalem auch der Name für Gottes ewige Stadt war – und Symbol für das Himmelreich.

Als Bernhard predigte, gehörte Jerusalem den Christen, nur dass es bedroht war. Die neue Losung war, Kampf wider die Heiden, die Feinde des Herrn. Dass die spanischen Christen im eigenen Land die Feinde Jerusalems angriffen, hatte sich schon im Ersten Kreuzzug von selbst verstanden. Nun blieben auch die niederländisch-englischen Schiffe vor Portugal stehen und eroberten Lissabon. Die Kreuzritter der Ostgrenze von Mähren über Sachsen bis Dänemark bekamen Erlaubnis und Weisung, statt der Mauren und Türken die Slawen zu bekriegen. Und als der kluge Roger II. die Zeit, wo das deutsch-französische Heer über den Bosporus zog, zu einem Angriff auf den byzantinischen Kaiser benutzte, meinten viele Franzosen, es sei das Richtige, zuerst Konstantinopel zu erobern. Bernhard hatte die Riesenbewegung, die sein Wort erweckte, mit großen Hoffnungen betrachtet – wäre er und sein Geist bei ihr geblieben, wer weiß, was sie erreicht hätte? Doch in der Geschichte gibt es kein „Wenn".

Tatsächlich schlug der Kreuzzug in seiner Hauptrichtung nach Palästina aufs kläglichste fehl. Schon in Kleinasien wurden das deutsche und dann auch das französische Heer weitgehend aufgerieben. Die Truppen, die schließlich das Heilige Land erreichten, fanden dort kein Angriffsziel. Edessa war ein wertloser Schutthaufen, und die unmittelbare Bedrohung von Jerusalem war zum Glück vorüber. Die Folge waren Frustration und Enttäuschung, die sich in gegenseitigem Hader und Verrat erschöpften. Das ganze Unternehmen stand vor dem endgültigen Aus, bevor es überhaupt begonnen hatte.

Im Heer von Konrad und Ludwig gab es neben vielen abenteuerfrohen Rittern wohl eine Zahl kampferprobter Männer und verständige Bischöfe, dazu edle Jünglinge, aber nicht einen Führer, der diese Kräfte verschmolzen hätte, um praktische und nachhaltige Taten zu setzen. So verlor sich die ganze Bewegung und fiel in sich zusammen.

Wie zu erwarten, musste der Vorwurf des Scheiterns nun in erster Linie auf Bernhard fallen. Weil er Begeisterung für den Kreuzzug angefacht hatte, musste er jetzt für das unglückliche Unternehmen auch die Verantwortung tragen. Das war klar! Hatten ihm die Menschen noch vor kurzem ihr „Hosianna" zugejauchzt, so schrien sie jetzt „Kreuzigt ihn!"

Die Hauptgründe für die Niederlage des groß angelegten Kreuzzuges waren Uneinheitlichkeit in der Führung, Fehlplanung, mangelnder Gemeinschaftssinn und wohl auch die zunehmende Sucht nach eigenem Ruhm und die Gier nach Beute. Diese Gründe hatten mit dem geistigen Streben, den nahen Orient und dessen heilige Stätten mit Rom und dem christlichen Europa zu vereinen, nichts zu tun. Bernhards Schwäche war, dass er als Mensch des Geistes und der Kirche, die Praxis des kriegerischen Handwerks nicht richtig einschätzen konnte. Die Rolle, die Bernhard im Zweiten Kreuzzug gespielt hat, zeigt klar die Grenzen auf, woran auch ein so fähiger und begabter Mann stoßen muss, wenn er Politik treibt. Im Grunde war es ein praktisches Versagen auf der ganzen Linie, die den Zweiten Kreuzzug zu einer einzigartigen Niederlage gestaltete.

Aber war es wirklich nur eine Niederlage? Hatte die Kreuzzugsbewegung für das zerstrittene Europa nicht auch eine einigende Kraft? Vielleicht hat der scheinbar sinnlose Tod der Kreuzritter den inneren Zusammenhalt Europas mitgetragen und den Expansionsbewegungen des Orients eine klare Grenze gesetzt? Das zu entscheiden liegt in der Hand der Historiker. In unserem Text geht es um Bernhard, auch um seine Ideale und sein Scheitern.

Normalerweise reagieren Menschen auf ungerechte Schuldzuweisung mit Richtigstellungen und Gegenangriff. Bernhard begann jetzt nicht die wirklichen Gründe anzuprangern, sondern versuchte biblisch zu argumentieren. Und er suchte darzulegen, dass die Kreuzritter nicht wirklich fortzogen, sondern im Grunde immer zurückkehrten. Dabei spielte er auf die Israeliten an, die zu den Fleischtöpfen von Ägypten zurückwollten.

„Vollkommenen und unbedingten Freispruch schafft jedem das Zeugnis seines Gewissens. Mir ist es das Mindeste, wenn die mich richten, die Gutes schlecht nennen und Schlechtes gut, jene die das Licht für Finsternis setzen und für Finsternis Licht. Ist es schon nötig, dass mir von beiden geschehe, so will ich lieber, dass Menschengemurr gehe auf mich als auf Gott. Wohl mir, wenn er mich zum Schild zu brauchen geruht." (aus einem Brief an Papst Eugen III.)

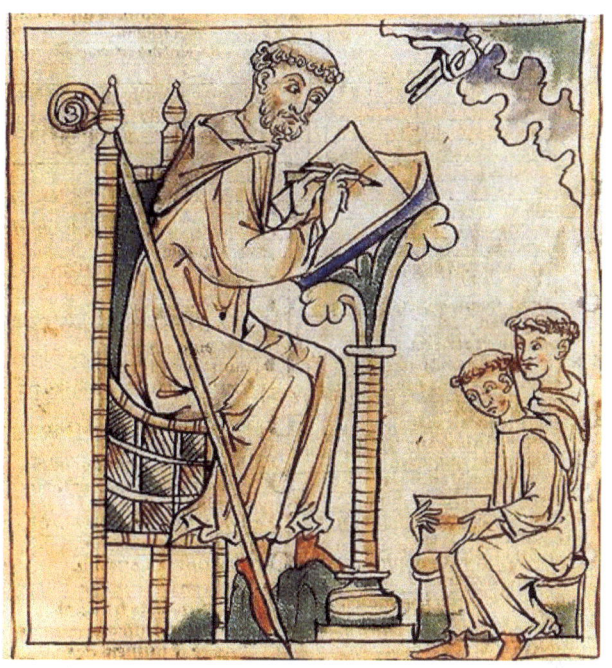

Abb. 6: Bernhard schreibt an Papst Eugen

Aller Glaubensmut war nötig, um über diesen Schicksalsschlag hinwegzukommen. Bittere Stunden und Wochen, ja Jahre verflossen, ehe die Vorwürfe gegenüber Bernhard verstummten. Er aber hatte sich schon lange zu christlicher Geduld und Leidensbereitschaft durchgerungen.

„Ich lehne es nicht ab, unberühmt zu werden, damit man Gottes Ehre nicht antastet. Wer gibt mir, mich in dem Worte zu rühmen: ‚*Deinetwegen ertrug ich Schmach und bedeckte Schamröte mein Antlitz*' (Ps 68,3)? Es ist eine Ehre für mich, mit Christus Teil zu haben an dem Worte:

59

'Die Lästerungen der Lästerzungen kamen über mich!' (Ps 68,10)"

Die Lage im Hl. Land verschlimmerte sich zusehends, und man dachte wieder daran, einen Zug nach Jerusalem vorzubereiten. Das Konzil von Chartres (1150) wollte Bernhard sogar zum Anführer einsetzen. Doch blieb es bei den guten Absichten, die erlebten Enttäuschungen saßen zu tief, um einen neuen Einsatz zu wagen.

Letzte Jahre und Tod

Krank und geschwächt zog sich Bernhard nach Clairvaux zurück, wo ihn eine weitere Enttäuschung erwartete. Sein Geheimschreiber Nikolaus hatte sein Vertrauen missbraucht und sich vom Orden verabschiedet. Das hört sich vielleicht nicht spektakulär an, bedeutete aber für den geschwächten und kranken Abt zweifellos eine tiefe emotionale Verletzung. Dazu kam, dass seine treuesten Freunde starben: Stefan Harding, der Abt von Citeaux, Suger von St. Denis und sein edler Gönner Graf Theobald von Champagne, der ihm Grund und Boden für sein Kloster geschenkt hatte. Es wurde einsam um Bernhard, und seine Kränklichkeit nahm zu:

> „Dein Sohn ist kränker als je. Tropfenweise schwindet er dahin, wohl, weil er nicht verdient auf einmal zu sterben und sogleich ins ewige Leben zu gelangen!"

So schrieb er in einem seiner letzten Briefe an Papst Eugen III. Dennoch raffte er sich immer wieder auf, um dorthin zu reisen, wohin ihn die Not der Kirche rief. Seine letzte Friedensmission betraf den Bischof von Metz und den Herzog von Lothringen. Mit übermenschlicher Anstrengung erhob er sich vom Krankenlager und reiste an die Mosel, wo sich die beiden feindlichen Heere gegenüberstanden. Am anderen Tag sollte die Schlacht sein. Bernhard versuchte mit beiden Anführern zu verhandeln, doch vergebens. Die Begleiter zweifelten am Erfolg der Reise. Aber Bernhard blieb ruhig. Noch in der Nacht erschien eine Delegation und erklärte sich zu Verhandlungen bereit. Am nächsten Morgen kamen die feindlichen Führer auf der Flussinsel zusammen, und es gelang den Worten des Heiligen, der schon mehr als Bote vom Himmel, denn als Mensch sprach, die Streitenden zu versöhnen.

Als ihn die Leute und die Soldaten jubelnd beinahe erdrückten, floh er auf einem Schiff zurück nach Clairvaux. Dort erreichte ihn die Botschaft, dass Papst Eugen, sein geliebter geistlicher Sohn, dem er eines seiner tiefsten Werke gewidmet hatte, gestorben war. Zwar wurde der Körper, der kaum noch Nahrung behielt, immer schwächer, doch blieb sein Geist lebendig:

„Betet für mich zum Erlöser, der nicht den Tod des Sünders will, dass er mein Ende nicht weiter hinausschiebe, sondern mich behüte. Helft mir durch eure Gebete meine Ferse schützen, die so arm ist an Verdiensten, damit der Böse, der ihr nachstellt, nicht seinen Zahn hineinbohre und mich verwunde."

Auch dieser große Büßer und Mystiker hielt sich nicht für sicher und blieb bis zum Ende seines Lebens durchdrungen von tiefer Gottesfurcht. Ganz versunken in sein Inneres und die Gegenwart Gottes, war er aber immer glücklicher und ruhiger geworden, je näher er sein Ende kommen sah. Als man sich darüber wunderte, antwortete er, ganz in seinem typischen Stil:

„Wundert euch nicht! Ich bin nicht mehr von dieser Welt!"

Am 20. August 1153 waren zahlreiche Bischöfe und Brüder um ihn versammelt, als er sein Testament verkündete: Es war die Aufforderung zur Demut, Geduld und Liebe, Tugenden, die er sich selbst nach hartem Ringen erworben hatte. Dann setzte er fort:

> „Drei Dinge empfehle ich euch, die ich in meinem irdischen Laufe nach bestem Können beobachtet habe. Ich habe weniger meiner Meinung als der der Anderen Glauben geschenkt. Ich habe mich für Beleidigungen nicht gerächt. Ich wollte keinem zum Ärgernis werden, und wenn es geschah, habe ich, so viel ich konnte, die Sache wieder gut gemacht."

Noch am gleichen Tag ging es wie eine Verklärung über sein Antlitz, ein letzter Segen, ein letzter Blick der Liebe für seine Söhne und „das Licht seiner Zeit", wie Gottfried in seiner Vita sagte, „war erloschen für immer". Seine letzte Predigt über das Hohelied brach ab mit den Worten: *„Wir sind nicht Kinder der Nacht und der Finsternis. Wandelt als Söhne des Lichts!"*

Bernhard starb in Clairvaux und wurde in Cluny begraben. Bei seinem Tod gehörten 344 Klöster in ganz Europa zum Zisterzienserorden, darunter 166, die Clairvaux unterstanden

In seinen theologischen Schriften behandelte Bernhard die wichtigsten Themen der Dogmatik und entfaltete seine asketischen Lehren. Ausgangspunkt war für ihn der sündige, Gott suchende Mensch, dessen Bekehrung ihm zum Heil dient. Es war der Inhalt seines Lebens, ein Licht zu sein für die Kirche. Er ist es auch über das Grab hinaus geworden, indem er vom Stellvertreter Christi – wie seine großen antiken Vorbilder – zum Kirchenlehrer ernannt wurde.

Glühen ist mehr als Wissen

Bernhard von Clairvaux war zweifellos ein Mann – wir würden heute sagen – von beindruckendem Charisma. Nahezu das ganze Jahr unterwegs im Dienst der Kirche, lebte dieser Superstar des elften Jahrhunderts ständig gegen seine persönlichen Intentionen, die ihn ursprünglich in die Abgeschiedenheit eines Klosters, in die Einsamkeit und zum Gebet geführt hatten.

Sein äußerlich erfolgreiches Wirken bezahlte er mit einem ständigen Verzicht auf seine persönlichen Wünsche, so wie viele seiner heiligen „Kollegen", die in SEINEN Dienst genommen wurden. Er selbst beschrieb sich als *Chimäre*, die dauernd mit weltlichen Dingen beschäftigt war, ohne Laie zu sein, und ständig entscheidend in die Geschicke der Kirche verwickelt, ohne je Kirchenlenker gewesen zu sein. Als ungekrönter „Papst" und „Kaiser" des Jahrhunderts griff er immer wieder lenkend in die Ereignisse ein und machte Geschichte. Seine Zeit nennt man deshalb auch das Bernhardinische Zeitalter. *Erzvater des europäischen Gefühls* nannte ihn der Historiker Friedrich Heer ob seines weiten Horizonts, ein *religiöses Genie* der protestantische Kirchengeschichtler Adolf von Harnack. Als *Doktor mellifluus*, (honigfließenden Lehrer) bezeichneten ihn Zeitgenossen ob seiner herausragenden Begabung zur Predigt

Wenn wir uns heute fragen, woher er die Kraft für sein anstrengendes Leben, seine Macht über Krankheit und Leid hernahm, dann lautet die Antwort: Aus dem Gebet!

„Wir müssen nur beten!" dieser Königssatz von Bernhard – hineingesprochen in unsere glaubensferne Zeit - kann er heute noch bei den Menschen ankommen? Wissen wir überhaupt noch, was beten heißt? Wohl dem, der diesen geistigen Schatz noch zu bewahren weiß!

Gebet ist Leben in der Gegenwart Gottes, Bereitschaft zum „Ja!", wenn er ruft. Gebet ist der Atem unseres Glaubens. Mehr noch, wie uns Thomas von Aquin gesagt hat: *Orando homo mentem suam tradit Deo!* Im Beten übergibt der Mensch sein Höchstes und Edelstes (*mens*) an Gott. Ob wir heute noch den Mut dazu aufbringen?

Die außerordentlichen Erfolge seiner kirchenpolitischen Strategie bargen zweifellos eine große Versuchung zu Stolz und Selbstherrlichkeit in sich, eine Gefahr, die natürlich auch Bernhard bedrohte. Doch scheint mir, dass gerade seine leidenschaftliche Natur, die immer nach dem Höchsten strebte und ihm manche Probleme einbrachte, dieser Gefahr entgegenwirkte. Dieser Leidenschaft, die ihn ständig zu seinem gekreuzigten Herrn aufblicken ließ, genügte wohl nichts auf dieser Erde. Auch der Erfolg seiner Kreuzzugspredigten stieg ihm nicht zu Kopf, weil er sehr wohl erkannte, welche Gefahr sich mit dem Gefühl der Macht verbindet:

> „Es gibt kein Eisen und kein Gift, dass ich so sehr für dich fürchte als die Leidenschaft zu herrschen!" (aus einem Brief an Papst Eugen)

Eine Legende erzählt, dass Bernhard einmal vor dem Gekreuzigten kniete und dieser die Arme vom Kreuz löste, um ihn zu umarmen. In diesem Bild scheint mir alles zusammengefasst, das über diesen heiligen Superstar erklärend zu sagen wäre.

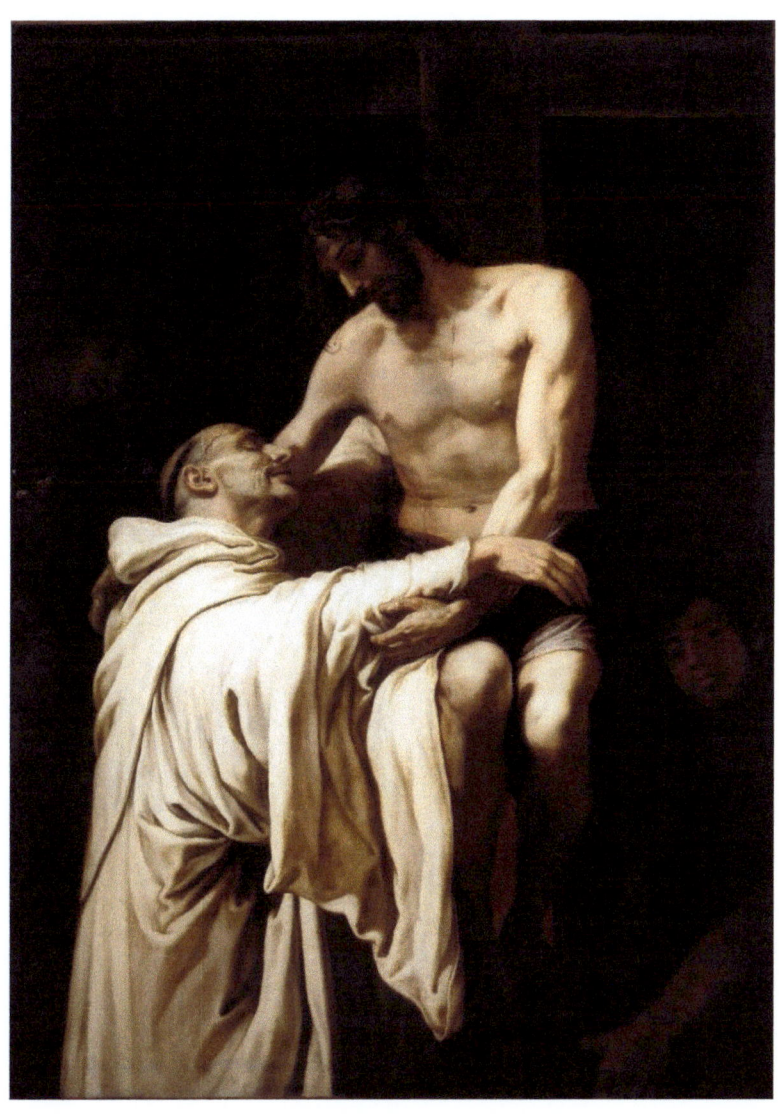

Abb. 7: Der Hl. Bernhard wird von Christus umarmt

Dominikus
(1174 bis 1225)

Heiligenbiographien oder Erinnerungen an ihr Leben und Wirken werden fast immer aus dem Blickwinkel ihrer kirchlichen Bedeutung geschrieben, d.h., dass Details aus der Jugend eines Heiligen nur selten überliefert werden. Auch bei Dominikus sind nur wenige Einzelheiten aus seinen frühen Jahren bekannt. Sein Familienname Guzman hatte in der Tradition immer zur Annahme geführt, dass er dem königsnahen Adelsgeschlecht der Guzman angehörte, doch hat die neuere Forschung diese Abstammung nicht bestätigen können.

Die erste Biographie von Dominikus stammt aus der Feder *Jordans von Sachsen*. Kaum drei Jahre lang lebte Jordan in persönlicher Nähe mit dem Ordensgründer. Alles, was früher geschah, erfuhr er aus Erzählungen der Brüder und von Leuten, die Dominikus näher gekannt haben. Daher hat der Biograph die Jahre der Ordensgründung deutlicher in den Blick bekommen als die unsichtbare Berufung, die sich in dem jungen Dominikus vorbereitete. Dazu kommt, dass außer einem kleinen, sehr praktisch verfassten Brief an den Schwesternkonvent in Madrid kein einziges persönliches Dokument von Dominikus erhalten blieb. Es gibt keine Briefe, keine Mitschriften von Predigten, keine Bücher mit Notizen, nichts. Dieses völlige Verschwinden hinter seinem Werk kann nicht auf Zufall beruhen – hier waltet eine Absicht, die zweifellos mit der Persönlichkeit des Ordensstifters zu tun hat und sein Geheimnis ist.

Jugend und Ausbildung

Dominikus wurde auf der kastilischen Hochebene, in dem kleinen Dorf Caleruega um 1174 geboren, etwa vierzig Kilometer von Burgos entfernt. Felix und Johanna werden als Namen der Eltern überliefert, der Vater als ein „verehrungswürdiger Mann und reich an eigenem

Gut". Schon als Kind wurde Dominikus von den Eltern zur kirchlichen Laufbahn bestimmt und mit sechs Jahren seinem Onkel, der in der Nähe als Dekan wirkte, zur Erziehung übergeben. Von ihm erhielt er den ersten Unterricht in Lesen, Schreiben und Rechnen und eine Einführung in das elementare Grundwissen seiner Zeit, das sich an der Hl. Schrift orientierte und in lateinischer Sprache gelehrt wurde.

Es war keine ruhige Zeit, als Dominikus in Kastilien heranwuchs. „Die Gefangenschaft bei den Mohren war eine der Plagen Spaniens, würgender als die Hungersnot!", dokumentierte ein damaliger Zeitgenosse. Das bedeutet im Klartext, dass es immer wieder zu Übergriffen von Seiten der Mauren kam, die Menschen entführten, um sie auf dem Sklavenmarkt anzubieten. Die Lösegeldforderungen waren entsprechend hoch und von Leuten, die kaum das Nötigste zum Leben hatten, nahezu unmöglich zu erfüllen.

Während Bauern und Edelleute von Vergeltung träumten, wurde der sensible Dominikus durch diese Erfahrungen früh und grausam berührt. Sie prägten sich in sein Gedächtnis und ließen ihn auch später nicht los. Denn nur so kann man verstehen, warum der jungen Kanoniker von Osma auf den Gedanken kam, sich selbst zu verkaufen, um den Bruder einer armen Frau auszulösen.

Nach Ende des Elementarunterrichtes, mit etwa 13 Jahren, wurde Dominikus von seinen Eltern in die Domschule von Palencia geschickt, wo noch die sieben „Freien Künste", die *Arte liberalis,* gelehrt wurden. Diese, unserem Gymnasium vergleichbare Ausbildung, dauerte sieben Jahre. Danach widmete er sich dem Studium der Theologie. Gegen Ende seiner Studienzeit (1196–1198) brach eine schwere Hungersnot über Teile Spaniens herein, die den jungen Theologen zu einer Aktion veranlasste, die nicht nur seine unmittelbare Umgebung verwunderte. Dominikus, erschüttert von der Not der Ärmsten, verkaufte seine notwendigen und geliebten Bücher und alles Andere, was er besaß und verteilte den Erlös als Almosen unter die Armen. Durch dieses Beispiel aufgerüttelt, begannen bald auch andere Theologen und Magister über ihre eigene Trägheit und mangelnde Sparsamkeit nachzudenken und Almosen auszuteilen.

Abb. 8: Dominikus verkauft in Palencia seine Studienbücher und gibt den Erlös den Armen.

Eigene Bücher zu besitzen war damals ein großer Luxus, und nur wenige Studenten konnten sich Bücher leisten. Hatte man eigene Bücher, dann konnte man sie auch mit Randnotizen versehen, womit sie für den persönlichen Gebrauch noch kostbarer wurden. Und dennoch trennte sich Dominikus mit heldenhafter Großzügigkeit von ihnen, weil ihn das Mitleid mit den Ärmsten der Armen so durchdrungen hatte, dass er sich gar nicht fragte, ob der Verkauf seiner wertvollen Bücher überhaupt sinnvoll war, angesichts der großen Not, die ganz andere Maßnahmen erforderte. Doch wieder einmal, wie so oft, stehen wir vor einer „verrückt" anmutenden Handlung eines Heiligen: "Wie könnt ihr über toten Pergamenten brüten, während eure Brüder Hungers sterben?"

Die Tat des Bücherverkaufs sollte bald hohe Wellen schlagen. Der Bischof seiner Heimatdiözese Martin de Bazaan, der dabei war, sein Domkapitel zu reformieren und nach vertrauenswürdigem Nachwuchs Ausschau hielt, wurde durch die spektakuläre Tat des jungen Klerikers auf ihn aufmerksam und berief ihn ins Domkapitel von Osma. Einen tugendhaften Mann, der die Heilige Schrift, das Gebet und die Askese liebte, konnte man im Domkapitel von Osma sehr gut brauchen. Bischof Martin hatte schon früher die Mehrheit der Mitbrüder überzeugen können, nach gemeinsamer Satzung zu leben und die Regel des Augustinus anzunehmen. Danach lebten die Kleriker von Osma im Sinne der dritten Lateransynode[12], als Regulierte Kanoniker ein Gemeinschafts- leben, das

---

[12] Das **Dritte Laterankonzil** wurde im März 1179 im römischen Lateran von etwa 300 Bischöfe unter Vorsitz Papst Alexanders III. gefeiert. Es gilt als das 11. Ökumenische Konzil. Abschließende Dokumente betrafen die Praxis der Papstwahl, Fragen der kirchlichen Disziplin, die Unabhängigkeit der Kirche und Entscheidungen zur Lehre der Kartharer.

auf dem Stundengebet, persönlicher Armut und asketischem Lebensstil aufbaute.

Die Hoffnungen, die Bischof Martin in ihn gesetzt hatte, wurden von Dominikus in hohem Maße erfüllt; denn bald war er allen ein Vorbild an Demut und Eifer im Gebet. Auch wird überliefert, dass er bereits 1201 zum Subprior gewählt wurde, d.h. dass er damals schon die Priesterweihe empfangen hatte.

Die Jahre in Osma waren für Dominikus eine stille, von Studium, Liturgie und Gebet erfüllte Zeit. Nur seine häufige Bitte an Gott, „ER möge ihm eine wahre Liebe schenken, die wirksam sei für das Heil der Menschen" wies schon damals über sein kontemplatives Leben als regulierter Kanoniker hinaus.

Erster Kontakt mit den Albigensern

Das zurückgezogene Leben des Subpriors von Osma sollte sich durch zwei Reisen entscheidend ändern. Die erste Reise führte ihn als Begleiter seines nunmehrigen Bischofs Diego von Azevedo nach Norden, um im Sinne der Heiratspläne des kastilischen Königssohnes mit einer märkischen Adeligen zu vermitteln. Doch schon kurz nach der Überquerung der Pyrenäen ereignete sich Unvorhergesehenes. Verwirrt und überrascht trafen Diego und seine Begleiter in der Gegend von Toulouse auf unzählige Menschen, die der Irrlehre der Katharer anhingen. Da auch der Wirt, bei dem sie eingekehrt waren, zu den Katharern gehörte, setzte sich Dominikus zu ihm und diskutierte mit ihm die ganze Nacht. Und als der Morgen dämmerte, war der Wirt von der Wahrheit des katholischen Glaubens überzeugt, weil er „…der Weisheit und dem Geist, der aus Dominikus sprach, nicht mehr widerstehen konnte." Dieser Wirt sollte der erste

Mensch sein, den Dominikus mit viel Mühe, großer Leidenschaft und Liebe zum katholischen Glauben zurückführte.

Mit dem Heiratsversprechen der „märkischen Adeligen" kehrten Bischof Diego und seine Begleitung nach Spanien zurück. Schon im Jahr darauf schickte sie König Alphons mit einer prunkvollen Reisegruppe wieder auf den Weg, allerdings vergeblich, weil die versprochene Braut in der Zwischenzeit gestorben war. Eilboten sollten dem König das traurige Ereignis mitteilen, während Diego mit seinen Begleitern nach Rom zum Papst reiste. Dort wollte er sich von seinem Bischofsamt entbinden lassen, um als Missionar für die Kumanen wirken zu können. Auf seiner Reise hatte er von dem hellhäutigen Turkvolk gehört, das auf der Flucht vor den andrängenden Mongolen immer mehr nach Westen ausgewichen war und sich bei verschiedenen deutschen Fürsten als Söldner verdingte. Sie waren gefürchtete Krieger und hatten in einigen Teilen Deutschlands verheerende Verwüstungen angerichtet.

Fasziniert von dem traurigen Schicksal dieses Volkes wollte ihnen Diego das Licht des Evangeliums bringen – vielleicht hoffte er auch – unter ihnen als Märtyrer zu sterben. Doch Innozenz III. nahm seine Demission nicht an und schickte ihn in seine Diözese zurück. Diego fügte sich der Entscheidung des Papstes, nahm jedoch nicht den direkten Weg nach Spanien, sondern besuchte vorher noch Citeaux, das Mutterkloster der Zisterzienser, die er sehr bewunderte. Dort wollte er sich einige der „grauen Mönche" erbitten, um sie mit der Seelsorge in einem neu gegründeten Kloster für Zisterzienserinnen zu betrauen.

Auf ihrem weiteren Heimweg nach Spanien trafen Diego und sein Gefolge in Montpellier auf drei päpstliche Legaten, die sich bisher erfolglos bemüht hatten, die Katharer Südfrankreichs zu bekehren. Sie besprachen die schwierige Situation und baten auch Diego um seine Stellungnahme, der ihnen so antwortete:

> „Nicht so meine Brüder, dürft ihr glaube ich vorgehen. Unmöglich könnt ihr Leute mit bloßen Worten bekehren, die sich vor allem auf Beispiele stützen. Seht doch, wie die Diener des Irrglaubens ein Leben der evangelischen Armut und Entsagung zur Schau tragen und so die einfältigen Seelen gewinnen. Ihr aber zieht in reicher Pracht und mit großem Tross daher. So erbaut ihr wenig, reißt vieles nieder und überzeugt niemand. Schlagt doch einen Nagel durch den anderen aus. Bekämpft den Schein der Heiligkeit durch wahre Tugend!" [13]

„Was sollen wir denn tun?" fragten die Mönche. „Tut, was ich tue!" entgegnete der Bischof. Daraufhin schickte er seine Leute mitsamt den Pferden und dem Gepäck nach Spanien zurück. Nur mit dem Brevier und einigen für die Religionsgespräche nötigen Büchern ausgerüstet, wollten er und seine Begleiter beginnen, die Katharer zu bekehren.

Ihre Arbeit war hart und unergiebig. Die Wege zu Fuß waren weit und beschwerlich. Auch wussten sie niemals, was sie in den Städten und Dörfern erwartete und wenn sie Menschen auf ihren Glauben ansprachen, war völlig ungewiss, wie diese reagieren würden.

---

[13] Dieses Zitat und folgende sind Paul D. Hellmeier: Dominikus begegnen, Augsburg 2007 und H. Christian Scheeben: Der heilige Dominikus, Essen 1961, als Übersetzungen entnommen.

Ziel ihrer Predigt war zunächst, die Anhänger der Irrlehren über die wahren geistigen Hintergründe der neu angenommenen Lehre aufzuklären. Viele der Gläubigen wussten über die Lehre der Katharer kaum Bescheid, sondern waren, durch ihre asketische Lebensweise beeindruckt, zu ihnen übergelaufen. Nun ging es darum, die Häretiker zur Diskussion herauszufordern und sie dazu zu bringen, ihre Karten offen auf den Tisch zu legen.

Das Entstehen einer Irrlehre ist ein geheimnisvoller Vorgang. Wenn Laster in der Kirche überhandnehmen, keimt die Irrlehre von selbst. Obwohl die Irrlehre der Katharer aus der alten orientalischen Wurzel des Manichäismus entstanden war, konnte diese durch Unbildung und Faulheit der Geistlichen in Südfrankreich und Italien gestützt, ihre volle Blüte entwickeln.

Eine andere Gruppe von Irrlehrern, die Waldenser (sh. Fußnote 9), war die Antwort auf die Habsucht derselben Leute und ihrer Lust am Wohlleben.

Die Katharer verstanden sich als die einzigen wahren Christen, allerdings muss offenbleiben, ob sie diesen Namen überhaupt verdienen:

Sie kannten keine Taufe, lehnten das Alte Testament ab und interpretierten das Neue Testament auf eine Weise, die ihren Überzeugungen Nahrung gab. Metaphysische Spekulationen hatten die Gründer der Sekte zur Auffassung geführt, dass der Satan nicht ein gefallener Engel sei, der grundsätzlich Gott untergeordnet bleibt, sondern dem guten Gott gleichsam als „böser Gott" gegenübersteht.

Stets wurde strengste Askese verlangt: Alle tierischen Produkte waren als Nahrung ausgeschlossen, da jede

Form der Leiblichkeit als böse galt. Aus demselben Grund wurde Ehe und Geschlechtlichkeit verworfen. In Südfrankreich wurde die Leibfeindlichkeit sogar zur *Endura* stilisiert, einem bewussten Fasten bis zum Eintritt des Todes.

Wie viele Streitgespräche von Diego und Dominikus geführt wurden, ist nicht überliefert; belegt sind nur vier davon. In Montreal dauerte das „Religionsgespräch" zwischen den katholischen und katharischen Vertretern fast zwei Wochen. Neben der mündlichen Auseinandersetzung wurden auch Libelli (Blätter) ausgetauscht, worin sie ihre Argumente schriftlich niederlegten. Als sich zur Nachtzeit einige Katharer zusammengefunden hatten, um die Argumente von Dominikus zu prüfen, soll sich das „Feuerwunder" ereignet haben. Wenn das Blatt den Wurf ins Kaminfeuer unbeschadet überstehe, würden die Katharer den katholischen Glauben annehmen, so hatten sie ausgemacht. Doch obwohl das Blatt drei Mal hintereinander unversehrt aus den Flammen herausflatterte, wollten sie sich nicht bekehren und gelobten einander Stillschweigen über die Sache. Doch einer der Teilnehmer brach das Schweigen, wodurch das Ereignis später unter den Brüdern bekannt wurde. Obwohl die Argumente erdrückend waren, weigerten sich die bestellten Richter, ihnen den Sieg in der Diskussion zuzusprechen, weil sie die ortsansässigen Adeligen nicht brüskieren wollten, die der Häresie zuneigten und die Irrlehrer unterstützten. Enttäuscht und verärgert über die Parteinahme der Richter sagte Diego ihnen einen „Kreuzzug" gegen Häretiker und ihrer adeligen Unterstützer voraus. Und es war später tatsächlich so gekommen, wie er prophezeit hatte.

Von Montreal zogen Diego und Dominikus nach Fanjeaux, wo die Albigenser nahezu alle Einwohner in ihren

Bann gezogen hatten. Dominikus predigte in der kleinen katholischen Kirche des Ortes, in der auch einige Damen fasziniert zuhörten. Sie kamen auch an den folgenden Tagen und suchten schließlich Dominikus persönlich auf, um ihm ihre Not zu klagen. Gerne wären sie zum katholischen Glauben zurückgekehrt, aber sie waren mittellos und lebten in den Heimen der Katharer, die von „Vollkommenen Damen" geleitet wurden. Doch sehr bald kam Dominikus die rettende Idee. Im Einverständnis mit dem Diözesanbischof Fulco von Toulouse wollte er ein katholisches Frauenkloster errichten, wo bekehrte Mädchen und Frauen Zuflucht finden könnten. Der Bischof war damit mehr als einverstanden und schenkte „Herrn Dominikus aus Osma die Kirche Unserer Lieben Frau von Prouille mit dem umliegenden Gelände für die Frauen, die durch die gegen die Irrlehrer bestellten Prediger bekehrt worden sind oder künftig bekehrt werden."

Dominikus ließ daraufhin einen Anbau an der Kirche anbringen, der noch im selben Jahr von neun Nonnen bezogen werden konnte. Er selbst wohnte mit drei Gefährten in einem kleinen Nachbarhaus. Das Mutterhaus des Dominikanerordens war damit gegründet! Doch sollte es noch Jahre dauern, bis die Brüder von hier aus hinausziehen konnten um zu predigen.

Während der folgenden Monate reiste Diego zwischen Spanien und Südfrankreich hin und her, um Geld, Bücher und Mitarbeiter für die Predigtarbeit in Südfrankreich zu beschaffen. Dominikus hielt sich als ständiger Vertreter von Diego weiterhin in Südfrankreich auf, wo er zu Fuß von Ort zu Ort zog, predigend oder diskutierend, wie es eben kam.

Abb. 9: Dominikus disputiert mit den Häretikern

Bald erkannten die Irrlehrer in ihm einen Meister, der ihnen sehr gefährlich werden konnte. Darum verfolgten sie ihn mit Schmähungen, ließen Steine und Straßenschmutz nach ihm werfen und gingen sogar so weit, ihm nach dem Leben zu trachten. Doch Dominikus ging offen und fromme Lieder singend den gedungenen Räubern entgegen, die überrascht und verwirrt ihre Waffen sinken ließen. Nichts war es mit der Märtyrerkrone, nach der er sich – wie viele andere Heilige zu seiner Zeit – vom Herzen sehnte. Sein Märtyrertum sollte ein geistiges bleiben, das ihm Zeit seines Lebens höchste persönliche Disziplin abverlangte.

Das Sterben für die Wahrheit der christlichen Religion wird zu allen Zeiten als direkte und höchste Form der CHRISTUSNACHFOLGE wahrgenommen. Doch könnte man sich angesichts der Lebensumstände von Dominikus auch fragen, ob ein früher Märtyrertod durch die Hand der Albigenser für ihn nicht wesentlich leichter zu ertragen gewesen wäre als die nahezu übermenschlichen Anstrengungen, die ihm seine Berufung abverlangte.

Inzwischen waren zwölf Zisterzienseräbte und vier Bischöfe zusammengekommen, um die Lage zu beraten und die einzelnen Missionsgebiete festzulegen. Und tatsächlich gelang es in der Folge, einige der „Gläubigen" und Sympathisanten von der katholischen Wahrheit zu überzeugen. Doch Diego war das nicht genug. Es war klar, dass die Zisterziensermönche nur für wenige Monate zum Predigen freigestellt wurden und sich danach immer wieder in ihre abgelegenen Klöster zurückziehen mussten. Dadurch fehlte dem Unternehmen die Kontinuität. Um diesem Mangel abzuhelfen wollte er den Papst bitten, eine Schar von Männern nur für die Predigt freizustellen, um sie in die Gebiete zu senden, die am stärksten von der Häresie betroffen waren. Doch starb Diego unerwartet im Dezember des Jahres 1207 in Osma und mit ihm auch seine Pläne.

Albigenserkriege

Bald darauf überschlugen sich die Ereignisse: Am 14. Jänner 1208 wurde der päpstliche Legat Castelnau mit Wissen des Grafen von Toulouse ermordet. Papst Innozenz rief daraufhin die nordfranzösischen Adeligen zum Kreuzzug nach dem Süden auf. Etwa zur gleichen Zeit wurden die Zisterziensermönche in ihre Klöster zurückberufen. Plötzlich stand Dominikus allein da, ohne Vollmacht, sich länger im Languedoc aufzuhalten. Daher reiste er zunächst nach Osma zurück, um bei Bischof Menendo, dem Nachfolger Diegos, die Erlaubnis zum Predigen einzuholen. Als sie ihm gewährt wurde, kehrte er nach einer Pause von eineinhalb Jahren ins Languedoc zurück.

Um diese Zeit war der Krieg zwischen dem französischen Norden und dem nur lose eingebundenen Süden voll im Gang. Das Heer, das vorwiegend aus französischen Rittern bestand, ging anfangs äußerst brutal und grausam vor, um Angst und Schrecken zu verbreiten. Raimund von Toulouse kämpfte zunächst an der Seite der Franzosen gegen die Häretiker, die vor die Wahl gestellt – sich zu bekehren oder den Feuertod zu wählen – an vielen Orten verbrannt wurden. Bis zum Jahresende 1210 war der Kreuzzug beinahe abgeschlossen, als sich Graf Raimund von Toulouse gegen die Nordfranzosen stellte und daraufhin exkommuniziert wurde. Zweifellos war Raimund mittlerweile klar geworden, dass dem Konflikt weniger die Religion, als der politische und kulturelle Gegensatz zwischen dem französisch sprechenden Norden und dem provenzalisch sprechenden Süden zugrunde lag. Zwar galt die Grafschaft von Toulouse als Lehen des französischen Königs, war in Wirklichkeit aber fast unabhängig. Es lag daher auf der Hand, dass der Kreuzzug gegen die Katharer dazu dienen sollte, den Süden enger an die Krone zu binden, während die kleinen französischen Adeligen sich an dem reichen Süden zu bereichern hofften.

Trotz des Krieges hielt Dominikus an seinen Predigten fest. Kreuz und quer führte ihn seine Mission durch die Diözesen Toulouse und Carcassonne und manchmal in rein albigensisches Gebiet. Zweifellos besaß er viele Voraussetzungen für einen guten Prediger: eine solide theologische Ausbildung und vor allem eine genaue Kenntnis der Hl. Schrift. Er konnte anschaulich formulieren und verstand eindringlich zu reden. Aber er war als Prediger kein „Beweger der Massen" wie Bernhard von Clairvaux als Kreuzzugsprediger. Manche Bekehrung gelang ihm, Andere widerstanden selbst gegen ihr besseres Wissen.

Wie es ihm auf diesen einsamen Wanderungen persönlich erging, können wir nur erahnen. Sicher ist nur, dass er tagsüber bis zu zwölf Stunden unterwegs war und Nacht für Nacht in einer der Kirchen, die am Weg lagen, betete. Und in diesen Nachtstunden geschah es, dass er flehend und weinend sich mit Gott besprach und um die Bekehrung der vielen Irrgeleiteten bat. Langfristig würde er sich durch sein anstrengendes Wanderleben mit einem Minimum an Schlaf, der ihn nicht selten auf den Altarstufen überwältigte, und dem kärglichen und unregelmäßigen Essen gesundheitlich ruinieren. Doch im Moment schien er gerade durch diese Art des Lebens immer tiefer in die Nähe Gottes einzutauchen, die ihm zur alleinigen Quelle seiner Kraft geworden war.

Da Dominikus gut provenzalisch sprach und durch seine Predigtarbeit in den Diözesen immer bekannter wurde, lag es nahe, ihm auch kirchliche Funktionen zu übertragen. So vertrat er im Jahr 1013 den Bischof von Carcassone als *spiritualibus*, als geistlicher Leiter. Offiziell wollte er das Amt aber nicht übernehmen und lehnte auch die Wahl zum Bischof kategorisch ab: „Lieber wolle er sich in der Nacht mit einem Stock davonmachen, als Bischof zu sein …!"

Zweifellos hatte Dominikus sehr persönliche Gründe, das Bischofsamt so kategorisch zurückzuweisen. Doch könnte man auch ein wenig spekulieren und die Amtsauffassung von damals, die Probleme bei der Bischofsbestellung – ihre Abhängigkeit von den adeligen Herren und nicht zuletzt ihre Repräsentationspflichten – ins Treffen führen, um die Abwehr von Dominikus zu verstehen.

Dazu kommt ein grundsätzliches Problem: Machtpositionen – und auch ein Bischof verfügt über Macht, gefährden die Grundlage der christlichen Lebensführung mehr als alle anderen menschlichen Schwächen. Macht gefährdet die christliche Grundhaltung der Demut, die uns von Christus vorgelebt wurde, mehr als alles andere, weil sie den Menschen dazu verführt – und keine/er ist davor gefeit – Anderen, Untergebenen und Abhängigen, von oben her zu begegnen und für die eigenen Interessen einzusetzen. Dabei geht es immer um uns selbst, um unsere Vorstellungen, um die Durchsetzung unseres Willens, etc.

Wir müssten lernen – am Beispiel Jesu – die Würde in den Kleinen, Schwachen, Bedürftigen zu erspüren und darauf in Liebe zu antworten. Das scheint mir auch als der grundlegend neue und herausfordernde Anspruch, den Jesus Christus in die irdische Wirklichkeit hereingebracht hat, indem er (Phil 26,7) als Gottessohn seine Würde verbarg, um den Geschöpfen, den Kleinen, den Beschränkten, auf Augenhöhe zu begegnen.

Noch während der Kriegswirren kehrte Dominikus mit einigen Predigern immer wieder nach Fanjeaux zurück; in die Nähe der Kirche von Unserer Lieben Frau von

Prouille, wo sie ähnlich einfach lebten wie auf ihren Predigtreisen. Ungesichert und ohne Geld, immer auf die Unterstützung angewiesen, die ihnen unterwegs oder am Ort ihrer Predigt angeboten wurde, lebten sie in äußerster Dürftigkeit, getreu nach der Empfehlung des Neuen Testamentes. (Mt 10,9–13)

Im April 1214 hatte sich Raimund von Toulouse offiziell mit der Kirche ausgesöhnt, und das Interdikt[14] wurde aufgehoben. Nun konnten Bischof und Geistliche wieder offen Gottesdienst feiern und die Sakramente spenden. Doch durfte man nicht erwarten, dass die „Vollkommenen" der Albigenser tatsächlich ihre Überzeugung und ihre Hoffnungen aufgegeben hätten. Wie sollten sie auch, da sie – nach ihrer Lehre – doch am Ende ihres Lebens gleichsam in den Himmel auffahren würden. Als Dominikus auf Einladung des Bischofs Fulco nach Toulouse übersiedelte, wusste er, welch schwierige Aufgabe auf ihn wartete. Fast zehn Jahre lang war er als Prediger im Gebiet der Albigenser unterwegs, angefeindet, sehr oft unter Lebensgefahr, weil er für denselben katholischen Glauben eintrat, den der französische König mit Waffengewalt zu verteidigen suchte.

Dennoch geschah ihm nichts – im Gegenteil – die unerschrockene Haltung des armselig gekleideten Mönches, der sich in seinem Wesen und mit seinen Worten so deutlich von den „Vollkommenen" unterschied, brachte die Leute zum Nachdenken, und das war nicht selten der Beginn zu einer wirklichen Bekehrung.

---

[14] **Interdikt**: Verbot von liturgischen Feiern und Spenden der Sakramente innerhalb des Gebietes, dessen Herrscher vom Papst „gebannt" worden war.

Beginn der Ordensgeschichte

In Toulouse begann auch ein neuer Abschnitt in der Gründungsgeschichte des Ordens. Petrus Seila, ein wohlhabender Bürger von Toulouse, war zu Dominikus gekommen, um ihm seine Dienste anzubieten. Er überließ seinem Bruder den ererbten Landbesitz und brachte in das Predigtwerk drei Häuser ein. Diese sollten als Unterkunft für die Brüder dienen, die sich hier erholen, studieren und für die nächste Predigtrunde vorbereiten konnten.

Dominikus verzichtete bewusst auf Grundbesitz und finanzielle Autonomie, die Klöster für Adelige so begehrenswert machten. Nicht selten zwangen sie den Konventen Äbte aus ihren eigenen Familien auf, die alles andere als würdige Vorsteher einer gottgeweihten Gemeinschaft von Mönchen waren. Und nicht selten rissen sie Teile der klostereigenen Ländereien mit Waffengewalt an sich. Im Falle des Predigtwerkes wurde die herkömmliche Tradition bewusst verlassen: Dominikus übergab seine Gründung in die Abhängigkeit des Bischofs von Toulouse, der ihnen als Gemeinschaft Einiges an Mitteln zur Verfügung stellte, um die Brüder vom Betteln zu entlasten, das sie wertvolle Zeit kostete.

Über die erste Zeit in Toulouse, wo sich Dominikus um eine Struktur seines Predigtwerkes bemühte, gibt es sehr genaue Aufzeichnungen. Ungefähr sechzehn Mitglieder waren in den Häusern des Petrus Seila untergebracht, wo sie ausruhen und studieren konnten. Um seine eigenen Leute für theologische Gespräche besser vorzubereiten, hatte Bischof Fulco von Toulouse schon vor längerer Zeit eine Domschule eingerichtet und den berühmten englischen Magister Alexander Stavensby nach Rouen geholt. Damit hatte der Bischof ein geistiges

Zentrum geschaffen, das auch den Brüdern des Dominikus zugutekam. Schon während seiner Jahre als Wanderprediger war Dominikus zur Überzeugung gelangt, dass in der Auseinandersetzung mit den Häretikern nicht nur eine einfache Lebensweise gefordert war, sondern auch eine intensive Auseinandersetzung mit philosophischen und theologischen Fragen. Daher sollten seine Brüder immer wieder Zeit finden, diese Studien zu pflegen und nach Möglichkeit auch Vorlesungen bei Magister Stavensby zu hören.

Die Weichen waren von Bischof Fulco gestellt, doch war es nicht sicher, ob der nächste Bischof diese Ambitionen teilen würde. Daher reifte in Dominikus und seinem väterlichen Freund der Entschluss, ihre Überlegungen und deren praktische Umsetzung dem Papst vorzutragen, da nur er dem ganzen Unternehmen Dauer garantieren konnte. Eine günstige Gelegenheit, ihr Anliegen vorzutragen ergab sich im Jahre 1215, als Papst Innozenz III. ein Allgemeines Konzil nach Rom einberufen ließ.

Dem Papst war die innere Erneuerung der Kirche ein wirkliches Anliegen. Er wusste genau, was der Kirche am meisten fehlte, nämlich gute Prediger und Beichtväter.

Damals war es nur Bischöfen erlaubt, öffentlich zu predigen, doch kamen sie ihrer Aufgabe kaum nach, sei es aus persönlichen Unvermögen oder aufgrund ihrer vielfältigen anderen Aufgaben. So kam ihm die Idee eines Predigtwerkes, wie es Fulco und Dominikus vorschlugen, zweifellos entgegen. In Dominikus hatte er jedenfalls den richtigen Mann gefunden, einen reifen Ordensmann von vierzig Jahren, der sich schon in schwierigen Missionen der Kirche bewährt hatte.

Um dem Ganzen eine sichere Basis zu geben, schlug ihm Innozenz III. vor, für das Zusammenleben seiner Predigerbrüder eine von der Kirche bereits anerkannte Ordensregel zu wählen, weil die Bischöfe einem herkömmlichen Klerikerorden die Arbeit in ihrer Diözese nicht verweigern konnten. Im Grunde ein sehr kluger Schachzug des Papstes, der seine Leute kannte und Realpolitiker genug war, um Eifersucht und Neid als mächtige Feinde anzuerkennen.

War es also Innozenz, der die Vision vom weltweiten Predigerorden hatte? Und wie fühlte sich diese Vision für Dominikus an? Mit seinem Häuflein von Predigern schien sie wohl kaum umsetzbar.

Gerhart von Frachet überliefert dazu eine Geschichte, die mehr als deutlich macht, wer hinter den Plänen wirklich stand, sie unterstützte und schließlich gelingen ließ.

Als Dominikus nach seiner Gewohnheit die ganze Nacht im Gebet zubrachte, sah er die heiligen Apostel Petrus und Paulus. Petrus hielt in der Rechten den Schlüssel des Himmelreiches und überreichte ihm mit der Linken einen Wanderstab. Paulus aber hielt in der Linken das Schwert und in der Rechten das Evangelium. Er überreichte es ihm mit den Worten: Geh und predige. Denn vom Herrn bist du auserwählt. Als er sich über die kleine Zahl seiner Gefährten beklagte, sah er plötzlich, wie die Brüder je zwei und zwei die ganze Welt durchwanderten und den Namen des Herrn verkündeten.

Auch wenn unsere skeptische Zeit dies alles in das Reich der Legende verbannen will, so ist gewiss, dass der Auftrag des Papstes mit den Absichten einer höheren Macht im Einklang stand, die Dominikus als Werkzeug in den Dienst nahm, wie alle Menschen, denen er SEINE Pläne anvertraut.

Abb. 10: Die Apostel Petrus und Paulus überreichen Dominikus Stab und Buch

Dominikus kehrte nach Toulouse zurück, wo die Gemeinschaft der Brüder die Regel des heiligen Augustinus zu übernehmen beschloss, weil diese nur die wichtigsten Prinzipien, wie ein Leben in brüderlicher Gemeinschaft, in persönlicher Armut und Gehorsam gegenüber dem Oberen einforderte. Wie diese Prinzipien zu verwirklichen waren, das blieb den „Ausführungsbestimmungen" überlassen. Die Brüder wählten dazu die bereits festgelegten Bestimmungen der Prämonstratenser[15], die Dominikus durch die Anweisungen an den Novizenmeister persönlich ergänzte. Darin heißt es:

„..., dass die Novizen Tag und Nacht, zu Hause und unterwegs, stets damit beschäftigt sein sollten, etwas zu lesen oder zu betrachten, und sich dabei bemühen, alles, was ihnen möglich ist, auswendig zu behalten."

Daraus spricht die langjährige Erfahrung des Wanderpredigers, der sich in vielen Diskussionen mit den Grundlagen seines Glaubens auseinandersetzte und erkennen musste, wie groß das Feld war, worin sich die Häretiker raubend und plündernd bewegen konnten.

An einer anderen Stelle findet sich ein Hinweis, den die späteren Inquisitoren[16] offensichtlich überlesen haben:

„Wenn sie (die Novizen) etwas geschehen sehen, was ihnen schlecht erscheint, mögen sie sich fragen, ob es nicht doch gut oder zumindest in einer guten Absicht getan ist, denn des Menschen Urteilskraft unterliegt oft dem Irrtum."

Dieser Satz entspricht fast wörtlich dem Verhalten des heiligen Ordensgründers. Immer wieder findet sich in

---

[15] Der Ordensgründer **Norbert von Xanten** war ein Wanderprediger, der im 12.Jh. in der Nachfolge von Jesus und seiner Jünger, besitzlos herumzog. Als sich ihm zahlreiche Männer und Frauen anschlossen, gründete er 1120 im Tal von **Prémontré bei Laon** eine Gemeinschaft, die sich am Ideal des gemeinsamen Lebens im Stil der Urkirche orientierte und auf der Grundlage der „Augustinerregel" aufbaute. Bei den Prämonstratensern gab es oft Doppelklöster, in denen Frauen und Männer in organisatorisch getrennten Konventen lebten.

[16] Über die Praxis des *Inquisitionsverfahrens* wird im Anhang berichtet.

den Prozessakten seiner Heiligsprechung die Betonung seiner „discretio", jene Tugend, die darin besteht, das eigene Urteil klug abzuwägen und abzuwarten, ob und wann über das Versagen Anderer zu sprechen sei. Eine Tugend, die Anstrengung und Geduld erfordert und im Zusammenleben aller Menschen zur geistigen Quelle werden könnte, die ein Leben in Frieden ermöglicht.

Zur selben Zeit übergab Bischof Fulco der Gemeinschaft die Kirche St. Romanus, in deren Nähe sich die Brüder ein passendes Haus einrichten konnten: „...Zellen, die zum Studieren und Schlafen hinreichend geeignet waren."

Ende 1216 reiste Dominikus wieder mit einigen Brüdern nach Rom, um die versprochene Approbation durch den Papst für sein Predigtwerk einzuholen. Innozenz III. war inzwischen gestorben, doch erkannte auch sein Nachfolger Honorius III. die Bedeutung des geplanten Unternehmens und ließ am 22. Dezember 1216 die Bestätigungsurkunde ausstellen. Damit war die Gemeinschaft von Toulouse als eigener Orden anerkannt.

Das Pfingstfest 1217 wurde für Dominikus und für den Orden ein entscheidendes Datum. An diesem Tag fand das Ereignis statt, das als „Aussendung der Brüder" in die Ordensgeschichte eingehen sollte. Zweifellos wurde diese Anordnung aus dem Blickwinkel der späteren Ordensgeschichte verklärt, widersprach es doch jeder vernünftigen Überlegung, eine kleine, erst gegründete Gemeinschaft auseinander zu reißen und in alle Winde zu zerstreuen. Was nützten gemeinsam beschlossene Regeln für die Lebenspraxis der Brüder, wenn jene, die sie beschlossen hatten, nicht Gelegenheit bekamen, sie wenigstens eine Zeitlang zu erproben?

Doch Dominikus blieb bei seiner Entscheidung und begegnete den Vorbehalten mit den Worten: „Stellt euch mir nicht entgegen! Ich weiß, was ich tue!" Seine Sicherheit stammte offensichtlich aus einer Quelle, die nur ihm zugänglich war und die sich schon mehrfach bewährt hatte.

Abb. 11: Dominikus überreicht Papst Honorius III. seine Ordensregel.

Zu Maria Himmelfahrt versammelte sich die kleine Gruppe zum letzten Mal zu einem gemeinsamen Gottesdienst, dann gingen sie auseinander. Zwei Gruppen zogen getrennt nach Paris, zwei andere Gruppen machten sich auf nach Spanien, eine davon nach Madrid. In

Toulouse blieben nur jene Mitbrüder, die aus der Gegend stammten.

Gründung von neuen Ordensniederlassungen
Für Dominikus begann nun wieder eine Zeit der Wanderungen. Er besuchte die Niederlassungen seiner Brüder in Spanien, Frankreich und später in Italien. In keinem dieser Konvente hatte er eine eigene Zelle, sondern schlief in der Zelle eines abwesenden Bruders oder einfach auf einem Strohlager in der Ecke eines Raumes, der gerade frei war. Wie von glaubwürdigen Zeugen überliefert wurde, verbrachte er ohnehin den großen Teil der Nacht in der Kapelle des Klosters. Jahrelang verzichtete er auf das Minimum an Privatheit, die jeder Mensch braucht, um sich gelegentlich zurückziehen zu können. Doch für ihn bedeutete es einen selbstgewählten Teil seiner apostolischen Armut, die er aber seinen Mitbrüdern niemals aufzwang.

Die Gründung der später so wichtigen Niederlassung in Bologna erfolgte vermutlich im Winter des Jahres 1217, als er von Toulouse nach Rom wanderte, um päpstliche Empfehlungsschreiben für weitere Konvent-Gründungen zu erbitten. Im Grunde waren die Satzungen des Ordens außerhalb des Languedoc völlig unbekannt. Daher waren die Kanoniker in Paris, die sich der Brüder aus Toulouse annehmen wollten, äußerst irritiert, als diese darauf bestanden, ihren Lebensunterhalt selbst zu erbetteln. In den Augen der Pariser Kanoniker war das ein grobes Fehlverhalten. Um den Brüdern diese Schwierigkeiten zu ersparen, sollten päpstliche Empfehlungsschreiben eingesetzt werden, die u.a. die Aufforderung an die Bischöfe enthielt:„...dass sie die Brüder wohlwollend aufnehmen und ihr Predigtamt ausüben lassen, mit dem sie beauftragt sind."

Um ähnlichen Schwierigkeiten in Bologna vorzubeugen, übergab Dominikus auf dem Rückweg von Rom den Empfehlungsbrief des Papstes an die Prälaten der Stadt, um Misstrauen und Vorbehalte von vorneherein zu entkräften.

Es war 1218, als Dominikus in Begleitung eines Mitbruders die Pyrenäen überschritt, die er vor dreizehn Jahren als Mitglied einer königlichen Gesandtschaft, hoch zu Ross, in Richtung Frankreich überquert hatte.

Wie viel war inzwischen geschehen! Auch unterschied sich der Stil der Reise wesentlich von damals. Zu Fuß, mit einem einfachen Mantelsack auf dem Rücken, zog er mit einem Mitbruder dahin, lebte von Almosen, die man ihm zusteckte und predigte, wo immer sich die Gelegenheit bot. In Madrid besuchte er die beiden Brüder, die er im letzten Jahr dorthin gesandt hatte und gründete in dieser Stadt das erste spanische Dominikanerinnenkloster. Die Schwestern dieser Kommunität besitzen auch das einzige Dokument, das von seiner Hand überliefert ist: Einen kurzen Brief, in nüchternem Stil mit praktischen Hinweisen, ohne ein überflüssiges Wort. Auch jegliche fromme Floskel fehlt.

In Segovia wurde Dominikus ein kleines Haus geschenkt, das er einigen Brüdern übergab. Auch daraus entstand bald ein neues Kloster. Auf ähnliche Weise sollten in den folgenden Jahren noch manche Konvente in Spanien, Frankreich, Italien und Deutschland entstehen.

Im Mai 1219 verließ Dominikus Spanien und kehrte nach Toulouse zurück. Von dort ging es mit Bruder Bertrand nach Paris, wo sich inzwischen die wirtschaftliche Lage der Brüder gebessert hatte, weil sie das Hospiz von St. Jacques übernehmen konnten, woraus sich später das bedeutendste Dominikanerkloster Frankreichs entwickeln sollte. Noch gab es aber gravierende Probleme. Das Hospiz von St. Jacques war ein Studienhaus der Pariser Universität. Da die Brüder des Predigerordens offiziell als Theologiestudenten galten, durften sie in ihrer Kapelle nicht öffentlich die Messe feiern oder predigen. Begründet war dieses Verbot zweifellos in Bedenken und Ängsten der umliegenden Pfarreien, welche die Konkurrenz fürchteten. Doch diese Situation hatte auch ihre guten Seiten. Einerseits konnten sich die Brüder vermehrt ihren theologischen Studien an der Universität widmen, andererseits wurde das Kloster in Paris schon bald zum Ausbildungszentrum für den Nachwuchs des Ordens. Zudem brachte es der Kontakt mit der Universität mit sich, dass sich junge Theologiestudenten für den Orden zu interessieren begannen. Da auch Dominikus für Paris die Aufhebung des Predigtverbots nicht erwirken konnte, wanderte er bald wieder zurück, in Richtung Bologna. Dort hatte sich unter Leitung des Bruders Reginald von Orléans aus dem armseligen Hospiz neben der Kirche von St. Niccolo ein sehr lebendiger Konvent entwickelt. Ähnlich wie in Paris waren es vor allem junge Studenten der Universität, die in den Orden eintraten. Doch fanden sich auch mehrere Professoren unter den neuen Mitgliedern.

In einer so rasch wachsenden und zusammengewürfelten Kommunität gab es natürlich auch Krisen. Manche der jungen Leute, die in erster Begeisterung eingetreten waren, kapitulierten vor den strengen Forderungen der apostolischen Armut; und manchmal musste Reginald seine ganze Beredsamkeit aufwenden, um ein Auseinanderlaufen der Kommunität zu verhindern.

Abb. 12: Dominikus. Ausschnitt aus der Dominikustafel in Neapel

Dominikus beschloss daher, um sich der vielen jungen Ordensmitglieder besser annehmen zu können, von nun an ständig in Bologna zu „wohnen". Auch ging es ihm gesundheitlich zunehmend schlechter, da ihm sein lebenslanges Magen- und Darmleiden immer mehr zusetzte. Er sprach zwar nicht darüber, lebte weiter asketisch und verbrachte viele Nachtstunden betend in der Kirche, doch merkte man ihm an, dass die Strapazen der langen Fußmärsche und die unregelmäßige Lebensweise seine Gesundheit untergraben hatten.

Da sich in Paris die Situation auch durch seine persönlichen Bemühungen nicht ändern ließ, schickte er Bruder Reginald dorthin, wahrscheinlich in der Hoffnung, dass dieser, als Franzose, besser geeignet sei die dortigen Widerstände zu überwinden.

Reginald gehörte wohl zu den wenigen persönlichen Freunden des Dominikus. Im Grunde war der Ordensgründer ein Heiliger, der seine Probleme fast ausschließlich mit Gott „besprach" und kaum mit anderen

Menschen. Zudem war er als Leiter des Ordens immer der Gebende und kaum einmal der Nehmende. Aber wie es eine Freundschaft zwischen Bischof Diego und dem jungen Subprior Dominikus gab, so kann man auch eine Freundschaft zwischen dem Ordensgründer und Reginald von Orléans annehmen. Genaueres lässt sich dazu, wie nahezu immer, – wenn es um ihn persönlich geht – allerdings nicht sagen. Bevor er von Dominikus während eines Aufenthaltes in Rom als Mitstreiter für seinen Orden gewonnen wurde, war Reginald Professor für kanonisches Recht gewesen. Er war aber nicht nur ein ausgezeichneter Theologe, sondern auch ein hervorragender Prediger. Jordan[17] spricht von ihm als „neuen Elias", der „ganz Bologna in Erregung versetzte". Von den Studenten, die er für den Orden gewonnen hatte, wurde er geliebt und verehrt. Und als ihn Dominikus schweren Herzens nach Paris schickte, „weinten die jungen Mitbrüder, da sie so rasch von der liebevollen Brust der gewohnten Mutter losgerissen wurden." Diese blumige Ausdrucksweise von Jordan soll hier nur deutlich machen, dass Reginald über ein besonderes Charisma verfügte, das er voll und ganz dem jungen Orden zur Verfügung stellte. „Als ein Mitbruder," so berichtet Jordan weiter, …„der ihn noch in der Welt in Würden und feiner Lebensweise gekannt hatte, ihn einmal voll Bewunderung fragte: „Magister, ist es euch nicht zuwider, dass Ihr dieses Ordenskleid angenommen habt?' erwiderte Reginald: „Ich glaube, dass ich in diesem Orden keine Verdienste erworben habe, denn allzu sehr hat es mir in ihm gefallen."

Aber nicht nur Reginald, auch Dominikus verließ schon bald Bologna und machte sich auf nach Viterbo, wo der

---

[17] **Jordan von Sachsen** (*1185/1190 bis 1237) der Nachfolger von Dominikus, war auch sein erster Biograph.

päpstliche Hof wegen einer Revolte in Rom zwischenzeitlich residierte. Dort wollte er sich Unterstützung für die problematische Situation in Paris erbitten, die ihm von Honorius auch vollinhaltlich gewährt wurde. Mit einem entsprechenden päpstlichen Schreiben wurde veranlasst, dass die Brüder in ihrer Kapelle öffentlich predigen durften.

Dominikus blieb länger in Viterbo und Rom als ursprünglich geplant, und seine Beziehung zum Papst wurde immer enger und vertrauter. Honorius III. besaß sicherlich nicht den Weitblick und die reformatorische Kraft wie sein Vorgänger Innozenz III. Aber er drängte behutsam und zäh auf die Verwirklichung des Reformplanes, der im Vierten Laterankonzil niedergelegt war. Deshalb war er gegenüber den Vorstellungen und Plänen von Dominikus nicht nur aufgeschlossen, sondern unterstützte diese, wo er nur konnte.

Dominikus unterwegs im Dienst des Papstes

Da sich Dominikus in Prouille, Toulouse und auch in Madrid mit der Gründung von Frauenorden erfolgreich bewährt hatte, sollte er auf Bitte des Papstes auch die Reform der Frauenorden in Rom übernehmen

Eigentlich eine ziemlich moderne Vorgehensweise, die man dem Papst hier konzedieren muss. Er wusste um die vielfältigen Aufgaben und Probleme, die Dominikus innerhalb seines Ordens zu lösen hatte, und dass ihm kaum Zeit und Energie blieben, sich anderer Aufgaben anzunehmen. Trotzdem schickte ihn der Papst in der Hoffnung nach Rom, dass er die problematische Situation bereinigen werde. Dominikus übernahm den Auftrag, doch dauerte es einige Zeit, bis die Reform gelang. Zunächst reiste er nach Rom, um mit den Schwestern direkt zu reden. Wie nicht anders zu erwarten, öffnete sich ein Teil der Schwestern für die Reformidee, andere verweigerten. Geplant war dazu ein Umzug in ein größeres Reformkloster, das die Schwestern von drei Konventen vereinigen und von Brüdern des neu gegründeten Ordens seelsorglich betreut werden sollte. Da der Ausbau des neuen Konventes um St. Sisto noch einige Zeit benötigte, wanderte Dominikus nach Bologna zurück, wo sich ein Drama abzeichnete, das ein bezeichnendes Licht auf die damaligen gesellschaftlichen Verhältnisse wirft.

Diana d'Andalo aus Bologna hatte gelobt, ein Kloster zu gründen und sich dazu Dominikus und seine Brüder als Seelsorger gewünscht. Diana besprach den Plan mit Dominikus. Dieser legte die Angelegenheit den Brüdern vor und zog sich am Ende des Gespräches zum Gebet zurück. Am nächsten Tag eröffnete er seinen Brüdern: „Wir müssen auf alle Fälle dieses Haus für Frauen bauen, selbst wenn wir auf die Arbeiten für unser eigenes verzichten müssen."

Daraufhin wurde eine Kommission von vier Brüdern gebildet, die sich der Sache annehmen sollte. Diana d'Andalo hatte indessen im Haus ihres Vaters ein Leben des Gebetes und der strengen Busse begonnen. Als sie von der Genehmigung „ihres" Klosters erfuhr, eilte sie zu den Schwestern in das Kloster Ronzano, wo sie die Nonnen um den Schleier bat. Doch ihre Verwandten holten sie mit Gewalt zurück, wobei ihr eine Rippe gebrochen wurde. Daraufhin lag sie ein Jahr lang krank danieder und wurde von den Eltern streng von der Außenwelt abgeschirmt. Dennoch stand sie während dieser Zeit in heimlichem brieflichem Kontakt mit Dominikus.

Nach diesen aufregenden Ereignissen wanderte Dominikus wieder nach Rom, wo die Begeisterung der

Schwestern für ein ernstes und zurückgezogenes Klosterleben deutlich nachgelassen hatte. Die Verwandten der Schwestern betrachteten Dominikus als „dahergelaufenen Spitzbuben" (*ribaldus ignotus*), dem die Nonnen auf keinen Fall ihr Schicksal anvertrauen sollten. Doch konnte sie Dominikus neuerlich von seinen Reformplänen überzeugen und ließ sich seinerseits auf ihre Bedingung ein: Sollte die berühmte Marien-Ikone nach dem Umzug von sich aus in ihr altes Kloster zurückkehren, dann wären die Schwestern von den Gelübden, die sie Dominikus gegenüber geleistet hatten, entbunden[18]. Daraufhin übersiedelten die Schwestern am 28. Februar des Jahre 1221 in feierlicher Prozession mit ihrer Ikone nach St. Sisto, wo diese mit den Nonnen auch weiterhin verblieb.

In den Jahren 2019 bis 1221 war Dominikus rastlos in Italien unterwegs. Um seine weitgespannten Pläne für den Orden zu verwirklichen, benötigte er immer wieder päpstliche Schreiben, die ihm nach seinen Intentionen von der päpstlichen Kanzlei ausgefertigt wurden. Wir verfügen zwar über keine Dokumente aus seiner Hand, doch beweisen die bis heute erhaltene Schriftstücke der päpstlichen Kanzlei sehr eindrucksvoll, wie klug und überlegt Dominikus am Ausbau des Ordens arbeitete. Dieses durchdachte Vorgehen verband sich nicht selten mit abenteuerlichen Aktionen, wenn es darum ging, den Orden in unbekannte und neue Gebiete zu verpflanzen. So schickte er wahrscheinlich im Dezember 1219 einen Kleriker aus Kärnten, den er in Rom oder Viterbo getroffen hatte, allein ins österreichische Friesach, um dort

---

[18] Die Bedingung der Schwestern war ein sichtbares Wunder, das sie in ihrem ursprünglichen klösterlichen Leben bestätigt hätte, d.h. dass man zurzeit von Dominikus mit religiös - geistigen Möglichkeiten sehr praktisch umging.

einen Konvent zu gründen. Die Anfangsjahre dieser Gründung verliefen mehr als chaotisch. Dennoch festigte sich das Gefüge nach einiger Zeit und gilt bis heute als älteste Niederlassung der Dominikaner im deutschsprachigen Gebiet.

Gründungen in Schweden, Spanien und Oberitalien folgten. Obwohl die Chroniken der jeweiligen Konvente ihre Gründung auf Dominikus direkt zurückführten, war er an den oberitalienischen Gründungen zweifellos nicht beteiligt, sondern vertraute auf die Begabung und Eigenverantwortung der Mitbrüder. 1220 unternahm er eine Reise durch die Lombardei, um die neuen Konvente zu besuchen und eine andere nach Venedig. Auch im Jahr 1221 unterbrach er sein Wanderleben nicht, da ihn Honorius III. als Leiter seiner persönlichen Predigtmission in der Lombardei einsetzte. Im Grunde hätte die Leitung und Organisation dieses Unternehmens auch jeder andere übernehmen können. Doch Dominikus galt in den Kreisen der Kurie als „Experte" für alle Probleme, die mit Predigt zusammenhingen, und daher musste er gehen. Seiner Gesundheit hatte dieses neuerliche Wanderleben aber schwer zugesetzt.

Als er im Mai 1221 zum zweiten Generalkapitel[19] des Ordens nach Bologna zurückkam, war er ein todkranker Mann, der nur mehr wenige Monate zu leben hatte. Doch ließ er sich nichts anmerken und schonte sich nicht.

Dominikus war als Leiter der Kommunität bei Verfehlungen streng, handelte aber nie im Zorn, sondern ermahnte den Bruder „unter vier Augen". Nur einmal wurde er wirklich zornig. Als er von einer seiner Predigtreisen nach Bologna zurückkehrte, stellte er fest, dass man bei Umbauten im Konvent damit begonnen hatte, die Zellen der Brüder zu vergrößern.

Da es dabei nicht um menschliche Verfehlung und Schwäche eines Einzelnen ging, sondern um eine Gefahr für die Gemeinschaft – und zwar, vom Grundsatz der apostolischen Armut abzuweichen – befahl er dem verantwortlichen Bruder, den Neubau sofort abzureißen.

Die Frage nach der gemeinsamen apostolischen Armut hatte bereits auf dem ersten Generalkapitel zu der Entschließung geführt: „Es dürfen weder Besitztümer noch irgendeine Art von Einkünften angenommen werden." Das bedeutete aber nicht, dass man zur Gründung eines Klosters keine Häuser annehmen durfte. Auch er selbst hat es mehrfach getan. Doch sollte die ganze Gemein-

---

[19] Im Jahr 1220, als bereits annähernd 60 Niederlassungen bestanden, hielt Dominikus zu Pfingsten in Bologna die erste **Generalversammlung** des Ordens ab. Das Generalkapitel ergänzte die erste Fassung (*prima distinctio*) der Satzungen von 1216 durch eine *secuna distinctio* und gab dem Orden seine in den Grundzügen bis heute gültige Organisationsform. Es besiegelte zugleich die Entwicklung von einem Kanonikerorden zu einem Bettelorden *sui generis* durch die Verschärfung des Armutsprinzips, indem auch der gemeinschaftliche Besitz und feste Einkünfte ausgeschlossen wurden.

schaft von Almosen leben und keinesfalls Bauten errichten, die dem strengen Armutsideal widersprachen.

Letzte Verfügungen und Tod

Auf dem zweiten Generalkapitel hatte der schwer kranke Dominikus „sein Haus bestellt". Dabei wurde auch das Amt des Provinzpriors geschaffen „der die gleichen Vollmachten innehaben sollte wie der Meister des Ordens."

Einer der ersten Provinziale des Ordens war Jordan von Sachsen, der zum Provinzial der Klöster in der Lombardei bestellt wurde. Dazu schreibt er in seiner lockeren Art: „Ich hatte damals erst ein Jahr im Orden verlebt und war noch nicht so tief verwurzelt, als es nötig gewesen wäre. So musste ich schon andere als Vorgesetzter leiten, bevor ich noch gelernt hatte, meine eigenen Unvollkommenheiten zu beherrschen". Und entschuldigend fügte er noch dazu: „Und dabei war ich auf diesem Kapitel gar nicht anwesend."

Wenige Monate nach dem Tod des Ordensgründers würden ihn die Brüder – nach guter dominikanischer Tradition – auf dem Generalkapitel in Paris zu seinem Nachfolger wählen.

Nach Abschluss des Kapitels nahm Dominikus seine gewohnten Arbeiten wieder auf und verhandelte intensiv im Hinblick auf die Gründung eines Schwesternklosters in Bologna, worauf Diana d'Andalo immer noch wartete. Dann brach wieder auf und zog zum Predigen in die Lombardei.

„Gegen Ende des Monats Juli, so glaube ich, kam der selige Bruder Dominikus von der Kurie des Herrn Hugo zurück, der damals Bischof von Ostia und Legat des Apostolischen Stuhls war und sich, so glaube ich sicher, in Vene-

dig aufhielt. Und er kam sehr erschöpft zurück, weil eine
große Hitze herrschte. Und obwohl er so müde war, sprach
er mit mir, der ich damals neu zum Prior gewählt worden
war, und mit Bruder Rudolf bis tief in die Nacht hinein
über Angelegenheiten des Ordens. Und da ich selbst schlafen wollte, bat ich den seligen Bruder Dominikus, er möge
schlafen gehen und solle nicht zur nächtlichen Gebetszeit
(Matutin) aufstehen. Aber er gab meinen Bitten nicht
nach, sondern ging in die Kirche und brachte die ganze
Nacht im Gebet zu. Desungeachtet nahm er an der Matutin teil, wie ich von den Brüdern und ihm selber gehört
hatte. Nach der Matutin hörte ich von den Brüdern, dass
er Kopfschmerzen habe. Von da an begann er deutlich an
der Krankheit zu leiden, die ihn zum Herrn heimführen
sollte. Als er sich wegen dieser Krankheit hinlegen
musste, wollte er nicht in einem Bett liegen, sondern auf
einem Strohsack. Er ließ die Brüder Novizen zu sich rufen,
tröstete sie mit liebevollen Worten und großem Eifer und
ermahnte sie zum Guten. Und er ertrug die Krankheit
ebenso wie die anderen so geduldig, dass er immer heiter
und fröhlich zu sein schien."

Bruder Ventura hat uns diesen Bericht hinterlassen, der
gleichsam den Grundtenor der Lebensweise von Dominikus nochmals zusammenfasst.

Um ihm Erleichterung zu verschaffen, transportierten
ihn die Brüder nach Santa Maria del Monte, wo ein gesünderes Klima herrschte. Als Dominikus spürte, dass
seine irdischen Tage zu Ende gingen, rief er die Brüder
zu sich und begann im Liegen zu predigen – eine gute
und zu Herzen gehende Ansprache, wie uns Ventura
überlieferte. Doch auch von dieser Ansprache hat sich
kein Schriftstück erhalten.

> „Ich hörte seine Beichte, als ihn die Krankheit befallen hatte,
> die ihn zum Herrn heimführen sollte. Es war eine Lebensbeichte, und viele Priester waren anwesend und hörten zu.
> Aufgrund dieser Lebensbeichte glaube ich, dass er niemals
> eine Todsünde begangen hat und stets jungfräulich gelebt

hat. Nachher sagte er mir im Geheimen: ‚Bruder, ich habe gesündigt, weil ich öffentlich von meiner Jungfräulichkeit vor meinen Brüdern gesprochen habe, was ich nicht hätte tun dürfen.' Die unmittelbar darauffolgende Aussage verschwieg Ventura als guter Beichtvater: ‚Dennoch bekenne ich, der Unvollkommenheit nicht entgangen zu sein, dass Gespräche mit jungen Frauen mein Herz mehr berührten, als die Anrede der Alten!'

Nun folgte ein Akt, der uns heute unmenschlich und merkwürdig vorkommen muss. Bruder Ventura war zu Ohren gekommen, dass der Rektor der Kirche von Santa Maria del Monte verlauten ließ, dass er für den Fall, dass Dominikus in seinem Amtsbereich sterben würde, den Leichnam in seiner eigenen Kirche bestatten werde lassen. Diese Aussage wurde dem todkranken Dominikus hinterbracht, der daraufhin antwortete: „Nur unter den Füssen meiner Brüder will ich begraben werden. Tragt mich hinaus, damit ich im Weinberg sterbe. Dann könnt ihr mich in unserer Kirche begraben."

Da nahmen sie den todkranken Mann und trugen ihn nach Bologna hinunter zur Kirche des Hl. Nikolaus. Nach einer guten Stunde rief Dominikus die Brüder zu sich und verabschiedete sich, wie Ventura, der Chronist seiner letzten Stunden, im Folgenden berichtet:

> „Vater, du weißt, wie verlassen und traurig du uns zurücklässt. Gedenke unser und bitte den Herrn für uns." Und der Bruder Dominikus erhob seine Hände zum Himmel und sagte: „Heiliger Vater, du weißt, dass ich gerne in deinem Willen ausgeharrt habe. Und die, die du mir gegeben hast, habe ich bewahrt und behütet. Ich empfehle sie dir, dass du sie bewahren und behüten mögest."

Die traurigen Brüder tröstete er mit den Worten: „Nach meinem Tod werde ich euch nützlicher sein, als ich es in diesem Leben war". Und wenig später sagte er zu mir und den Brüdern: „Fangt an!" Und wir begannen feierlich die Gebete zur Empfehlung seiner Seele. Und ich glaube, dass der selige Bruder Dominikus die Gebete mitsprach, weil er die Lippen bewegte. Noch während wir beteten, verschied er. Und wir waren uns sicher, dass er genau zu dem Zeitpunkt den Geist aufgab, als wir jene Worte sprachen: „Kommt herbei, ihr Heiligen Gottes, naht euch, ihr Engel des Herrn und nehmt seine Seele auf und bringt sie dar im Angesicht des Höchsten."

Dominikus starb am 6. August 1221 im Alter von 47 Jahren.

Abschließende Würdigung

Als ich mit der Biographie von Dominikus begann, hatte ich das Bild vor Augen, das Frá Angelico im Konvent der Dominikaner von ihm gemalt hat. Er stellte ihn sitzend dar, ein Buch zwischen den Knien und studierend; das ganze Bild ist in zarten Pastelltönen gehalten. Diese zarten Pastelltöne haben mich dazu verführt, Dominikus als einen sehr empfindsamen, weltabgewandten Geistesmenschen zu sehen, der ein Leben des Gebetes in klösterlicher Einsamkeit führte.

Je mehr ich mich aber mit seinem Leben und der Ordensgeschichte der Dominikaner beschäftigte, desto klarer wurde mir, welche kraftvolle und selbständige Persönlichkeit diesen spanischen Ordensmann auszeichnete. Die winzigen Mosaiksteine in Form seiner Sätze, die an bestimmten Wendepunkten der Ordensgeschichte überliefert sind, beweisen Dominikus als Mann, der in seinen nächtlichen Gesprächen mit Gott zu Entscheidungen kam, die er auch durchzusetzen verstand. Wenn man weiter bedenkt, wie er mit Innozenz III. oder Honorius III., die beide als Päpste zweifellos zu den mächtigsten

Männern ihrer Zeit gehörten, fast freundschaftlichen Umgang pflegte, wird klar, dass Dominikus kein zart besaiteter Träumer war, sondern sehr klare Vorstellungen darüber hatte, was die Kirche zu seiner Zeit brauchte.

Die Lebensarbeit von Dominikus ist deshalb so unglaublich aktuell und modern, da auch er es zeitlebens mit überzeugten Andersdenkenden zu tun hatte, die von vielen Leuten bewundert wurden. Die Bekehrungsarbeit war schwer und mühsam, weil sich die „Vollkommenen" der Katharer durch die Argumente von Dominikus und seiner geschulten Brüder nicht so leicht überzeugen ließen. Ähnlich wie heute, da der Zeitgeist den Gott der Wissenschaft auf den Sockel gehoben hat und das Ende des menschlichen Lebens mit dem Zerfall der Zellen gleichsetzt. Dominikus konnte noch auf Gläubige und Sympathisanten hoffen. Aber wie kann man heute aus christlicher Sicht argumentieren und überzeugen, wenn den Menschen immer wieder vermittelt wird, dass ein Leben im hier und jetzt optimiert werden muss, weil mit dem Tod alles zu Ende ist?

Dominikus würde wahrscheinlich in der nächsten Kirche verschwinden und betend und klagend die ganze Misere Gott vortragen. Und im Grunde müssten wir dasselbe tun: Beten! Beten! Beten!

Aus unterschiedlichen Aussagen seiner Mitbrüder geht übrigens hervor, dass Dominikus Zeit seines Lebens Sehnsucht nach der Heidenmission hatte. Dass die Mission der Kumanen eines seiner Lebensthemen war, weil Bischof Diego zu ihnen aufbrechen wollte, lässt sich historisch nicht begründen, weil die Länder, wohin Dominikus gehen wollte, immer wieder wechselten: angefangen von den Sarazenen, über die Prussen und Kumanen bis hin zu den Nordbalten. Doch stets wurde er durch

Aufträge, die ständig an ihn herangetragen wurden, von der Verwirklichung seiner Sehnsucht abgehalten. Als er gegen Ende seiner irdischen Laufbahn wieder einmal missionarisch arbeiten wollte, ließ er sich sogar einen Bart[20] wachsen. Doch selbst der äußere Ausdruck seiner Sehnsucht half ihm nichts: zu viel innerkirchliche Arbeit lag auf seinen Schultern, die ihn daran hinderte, seine Vision von Missionsarbeit zu verwirklichen.

Dominikus starb mit den Worten: „Nach meinem Tod werde ich euch nützlicher sein, als ich es in diesem Leben war!" und wahrscheinlich hat er sich auch für die Kumanen persönlich eingesetzt, die um die Mitte des 14.Jhs schon Christen geworden waren.

---

[20] Männer der **germanischen und asiatischen Völker** trugen mehrheitlich einen Bart, den sie als Symbol für ihre männliche Würde betrachteten. Dominikus wollte mit seinem Bart deutlich machen, dass er die Sitten und Gewohnheiten der Männer respektiere, denen er den christlichen Glauben bringen wollte.

Franz von Assisi
(1182 bis 1226)

Wohl kein Heiliger hat eine so große Volkstümlichkeit erreicht, wie Franz von Assisi. Ihn kennen auch Menschen, die mit der Kirche nichts zu tun haben wollen, und selbst jene, die sich als Agnostiker oder Atheisten bezeichnen. Bis heute haben sich Facetten seiner Persönlichkeit überliefert, die, legendenhaft ausgeschmückt, an romantischer Überzeichnung nichts zu wünschen übriglassen. Es gibt literarische Interpretationen seines Lebens und auch einen sehr erfolgreichen Film unter dem Titel „Bruder Sonne und Schwester Mond"[21] von Zeffirelli über die Jugendjahre des Heiligen.

Als Sohn einer provenzalischen Adeligen und eines reichen Tuchhändlers verlebte Franziskus inmitten einer zauberhaften Landschaft in Asissi seine Jugendjahre. Da der Vater viel unterwegs war, lag seine Erziehung in den Händen der Mutter, die seine musikalische und künstlerische Begabung früh erkannte und unterstützte. Leichtigkeit im gesellschaftlichen Umgang und finanzielle Großzügigkeit gewannen ihm nicht nur jugendliche Freunde, sondern machten ihn zum gesuchten Gastgeber und verwöhnten Liebling der ganzen Stadt. Fasziniert vom Ideal seiner Zeit, huldigte er dem Ritterdienst, der ihm nach einem verlorenen Kampf zwischen Assisi

---

[21] Bruder Sonne, Schwester Mond (Originaltitel: *Fratello Sole, sorella Luna*) ist ein britisch-italienischer Spielfilm von Franco Zeffirelli aus dem Jahr 1972. Er erzählt von den Jugendjahren des Franz von Assisi auf eine Weise, die vor allem das Lebensgefühl und Sehnsüchte von Hippies und Populärkünstlern der 1960er Jahre zum Ausdruck bringt. Der Film wurde an Originalschauplätzen in Italien gedreht. Inspiriert vom Sonnengesang des Franz von Assisi verwendet Zeffirelli einfache Naturaufnahmen und eine einfache Schnitttechnik. Die Wirkung des Films beruht zu großen Teilen auf diesen wegen ihrer Schönheit berührenden Ansichten sowie der melancholisch wirkenden Musik.

und Perugia Gefangenschaft und eine langwierige Krankheit einbrachte.

Mit einem überwältigenden Erlebnis in der Kirche zu San Damiano, wo ihn Christus vom Kreuz herab aufforderte, „seine Kirche wiederaufzubauen", begann sein Weg, der ihn bald völlig aus seiner vertrauten Welt herausführen sollte.

Jugendjahre in Assisi

In der Stadt Assisi, in Umbrien, wurde Franziskus 1182 als Sohn eines reichen Tuchhändlers geboren. Sein Vater Pietro Bernardone gehörte – wir würden heute sagen – dem Großbürgertum an und war viel unterwegs. Von seinen Reisen hatte er auch seine Frau mitgebracht, Herrin Pica aus der Provence, aus dem Land, wo geniale Frauen im 12. Jahrhundert das Gesetz der *cortezia*[22] erfanden. Es war eine „Übersetzung" der emotional-erotischen Beziehung ins Geistige, wenn man so will, die sich unter anderem darin zeigte, dass sich ein Ritter verpflichtete, zur Ehre seiner erwählten Herrin zu kämpfen und Ruhm zu gewinnen. Aus dem Land der Ritter und Minnesänger stammten auch die Romanzen und Lieder, die sie ihrem Sohn Franziskus in provenzalischer Sprache vorsang und worin ihre Sehnsucht nach dem Land ihrer Kindheit so fühlbar mitschwang.

---

[22] Einer wissenschaftlichen These zufolge übernahmen mhd. Dichter die provenzalische **Trobadorlyrik**, die sich vorzüglich diesem Thema, der sog. *Hohen Minne* widmete. Diese wiederum könnte an den muslimischen Höfen in Spanien entstanden sein, sich aber auch aus Volksliedern und den Marienkult entwickelt und durch die Briefkultur oder Vagantenlyrik verbreitet worden sein.

Wenn er als junger Mann die provenzalische Sprache für seine Lieder bevorzugte, dann war es zweifellos der Einfluss seiner Mutter, der sich in dieser Vorliebe widerspiegelte. Auch stammte seine jugendliche Begeisterung für den Ritterdienst wohl aus derselben Quelle.

Von seinen schulischen Erfahrungen schweigen die Texte der Überlieferung. Sicher ist nur, dass er über elementare Kenntnisse im Lesen, Schreiben und Rechnen verfügte. Es war aber keine Rede von einer Ausbildung in den Freien Künsten, die damals in den Domschulen angeboten wurde. Wahrscheinlich war Franziskus schon früh als Nachfolger seines Vaters vorgesehen, also für eine Laufbahn, die keine höhere Bildung, sondern nur ein allmähliches Hineinwachsen in den zukünftigen Beruf voraussetzte.

Und der Jüngling Franziskus bewährte sich im Laden seines Vaters. Strahlend und voll Liebenswürdigkeit zog er die Menschen in seinen Bann und gewann sie mühelos für seine Ziele, egal ob es sich um Kunden oder um Freunde handelte. Seine geschmackvolle, prächtige Kleidung, die seiner Vorliebe für schöne Dinge entsprach, tat das ihrige, um ihm den Rang eines außergewöhnlichen jungen Mannes zu verleihen, der von seiner Umgebung bewundert und wahrscheinlich auch beneidet wurde. Dazu kam der reiche Vater im Hintergrund, der dem Sohn kaum etwas verweigerte. So lud Franziskus immer wieder Freunde und Bekannte zu üppigen Gastmählern, wo gespeist und getrunken, gesungen und getanzt wurde. Vielseitig begabt, konnte er mit den Instrumenten der Zeit nicht nur gut umgehen, sondern mit einer Fülle von Liedern seine Freunde und Bekannten unterhalten, die wahrscheinlich mit mehr Freude und Begeisterung als musikalischer Einfühlung, mitsangen.

Man liebte ihn, den jungen Bernardone – Franziskus – wie ihn sein Vater nannte. Und er war stolz auf seinen Sohn, der so liebenswürdig auf großem Fuß lebte. Doch floss viel Geld des Vaters auch in die Hände der Armen. Mitleid mit den „Brüdern des Heilandes" erfüllte Franziskus schon früh, und er war groß im Geben, trotz seiner Jugend.

Assisi gehörte zum Machtbereich der Staufer[23] und die Nachbarstadt Perugia zu dem der Welfen. Als es 1202 zu einer Fehde zwischen Perugia und Assisi kam, war es Sache der jungen Gefolgsleute, diese Fehde auszutragen. Auch Franziskus war beim Gefecht bei Collestrada dabei, wo die Kämpfer aus Assisi unterlagen. Und er war auch dabei, als ein Teil der jungen Ritter in Gefangenschaft von Perugia geriet. Mehr als ein Jahr verbrachte er als Gefangener in den Mauern des feudalen Perugia, als ihn eine schwere Krankheit niederwarf, die ihm aber gleichzeitig die Rückkehr nach Assisi ermöglichte. Danach dauerte es Monate, bis sich Franziskus erholte und von seinem Krankenlager aufstehen konnte. Als es endlich soweit war, schien er verändert: er war stiller und nachdenklicher geworden. Doch mit zunehmender Kraft erwachte auch die frühere Lebenslust in dem jungen Mann. Als Walter III. von Brienne, ein Lehensmann des Papstes, einen Kriegszug nach Apulien in Süditalien

---

[23]Die **Staufer** waren ein Adelsgeschlecht, das vom 11. bis zum 13. Jahrhundert mehrere röm.-deutsche Kaiser hervorbrachte. Die bedeutendsten Herrscher aus dem Adelsgeschlecht der Staufer waren Friedrich I. (*Barbarossa*), Heinrich VI und Friedrich II.

Die **Welfen**, eine ursprünglich fränkische, aus dem Maas-Mosel-Raum stammende Familie war eng mit dem Kaiserhaus der Karolinger verwandt, das sie mit einer Grafschaft in Oberschwaben belehnte. Nach den Welfen wurde im mittelalterlichen Italien auch die antikaiserliche Partei der *Guelfen* benannt, die sich gegen die Staufer, die nachfolgenden Kaiser, stellte.

vorbereitete, um dort für den Papst gegen die Staufer die Herrschaft wiederzugewinnen und nach jungen Männern Ausschau hielt, begeisterte sich auch Franziskus für diese Idee und stellte sich dem Grafen als Ritter zur Verfügung.

Beginn seiner „Bekehrung"

Während er in Gedanken an künftige Taten schwelgte und sich mit Eifer zum Aufbruch vorbereitete, hatte er einen Traum, der ihn in seinen Plänen noch bestärkte. Er träumte, dass ihn jemand rief und in einen weiten herrlichen Palast führte, wo es in der Waffenkammer prächtige Rüstungen und Waffen zu sehen gab, die nur darauf warteten, ihren Trägern zu Kriegsruhm zu verhelfen. Als er staunend fragte, wem das alles gehöre, wurde ihm geantwortet, dass die Waffen und der Palast ihm und seinen Getreuen zugedacht seien. Er erwachte und interpretierte den Traum als Vorzeichen „großer Dinge", die ihn erwarteten, und beschloss nach Apulien zu ziehen.

Am Tag vor dem Traum hatte Franziskus in einem „Anfall von Güte" seine gesamte Ausrüstung einem verarmten Edelmann geschenkt. Das könnte darauf hinweisen, dass er sich vielleicht gar nicht so sicher war, ob er nach Apulien mitreiten sollte. Doch gestärkt durch den Traum zog er den Anderen nach und kam bis Spoleto.

Als er sich dort am Abend niederlegte, kam ihm vor, als ob ihn jemand fragte, wohin er gehen wolle. Als er seine Pläne enthüllte, fragte ihn die Stimme, wer ihm Besseres geben könnte, der Herr oder der Knecht. Franziskus antwortete: „Natürlich der Herr!" Darauf die Stimme: „Warum verlässt du dann wegen des Knechtes den Herrn und wegen dem Armen den Reichen?" Als Franziskus fragte, was er nun tun solle, wurde er aufgefordert, nach Hause zurückzukehren.

Daraufhin folgte er der Stimme und kehrte nach Assisi zurück. Wenige Tage danach wählten ihn die Genossen seines Klubs zum Anführer des Abends, in der Erwartung, dass er ihnen wie früher ein verschwenderisches Gastmahl inszenieren würde. Und sie täuschten sich nicht. Am Ende des Gelages zogen die jungen Leute mit ihrem Anführer Franziskus singend durch die Stadt.

Doch auf einmal blieb er hinter den Anderen zurück. Auch sang er nicht mehr, sondern war in tiefes Nachdenken versunken.

> Denn plötzlich und unerwartet hatte ihn der Herr berührt. Und eine „solche Süße" erfüllte sein Herz, dass er weder reden noch sich bewegen konnte. Nur jene Süße fühlte er und konnte nichts Anderes wahrnehmen. Und so sehr war er der Empfindung der Sinne entrückt – so erzählte er später – dass er sich nicht von der Stelle hätte bewegen können, auch wenn man ihn in Stücke geschnitten hätte.[24]

Als sich seine Gefährten umwandten und auf ihn warteten, erschien er ihnen wie verwandelt, und sie interpretierten sein Verhalten als Verliebtheit. Lebhaft gab er ihnen zur Antwort: „Ja, wirklich! Und die Braut, an die ich dachte und die ich heimführen möchte, ist edler, reicher und schöner, als ihr jemals eine gesehen!" Da lachten sie über ihn.

---

[24] Dieses Zitat und auch die folgenden stammen aus Thomas von Celano, *Leben und Wunder des Heiligen Franziskus von Assisi*, Werl 1980

Doch für Franziskus hatte sich eine andere Welt eröffnet, die ihn für sein ganzes Leben in ihren Bann schlagen würde. Diese unerwartete Begegnung mit der göttlichen Gegenwart war wohl sein inneres „Damaskuserlebnis"[25], wonach sich ihm alles, was ihm bisher lieb und teuer war, zu entfremden begann. Daher zog sich Franziskus in der Folgezeit, „von der Süße angezogen, immer wieder zu stillem Gebet zurück"– ein Verhalten - das allen, die ihn kannten, wunderlich und seltsam vorkam. Auch seine Mutter war erstaunt über seine Veränderung. Doch ließ sie ihn gewähren, wenn er stundenlang wie abwesend herumging, große Summen an die Armen verteilte und oft mit ihnen zusammen gesehen wurde. Hatte er früher „Almosen" gegeben, wie es üblich war, so nahm er jetzt aufmerksamen Anteil an ihren Sorgen und half, wo er nur irgendwie konnte.

Die nächste Stufe seiner Bekehrung und seiner inneren Ablösung von der Welt wurde ihm während eines Gebetes geschenkt: „Franz, was du bisher geliebt und begehrt hast, das musst du verachten und hassen, wenn du meinen Willen erkennen willst. Hast du erst damit begonnen, so wird dir unerträglich und bitter sein, was dir zuvor liebenswert und süß erschien; und aus dem, was dich vorher erschauern machte, wirst du tiefes Glück und unermesslichen Frieden schöpfen!"

Franziskus, der alles wörtlich nahm, was ihm zu dieser Zeit und auch noch später gesagt wurde, überlegte sicherlich, was ihm am meisten Unbehagen bereitete.

---

[25] Als **Damaskuserlebnis** bezeichnet die theologische Literatur die Begegnung von *Paulus von Tarsus* auf dem Weg nach Damaskus mit dem auferstandenen Christus. Paulus, der bis dahin aus "Eifer für das Gesetz" die Anhänger des Nazareners unerbittlich verfolgt hatte, wurde daraufhin zum Apostel Jesu Christi. (Apg: 9,1-22)

Daher wundert es nicht, dass er eines Tages, als er einem Aussätzigen vor der Stadt begegnete, seinen Ekel überwand und vom Pferd stieg. Daraufhin gab er dem Kranken einen Gulden und küsste ihm die Hand.

Kurze Zeit später besuchte er mit einer Summe Geldes das Siechenhaus und ließ alle Aussatzkranken[26] um sich versammeln. Dann verteilte er das mitgebrachte Geld unter ihnen und küsste jedem die Hand. Als er sie wieder verließ, „durchzitterte ihn eine nie gekannte Freude." Noch in seinem Testament erinnerte er sich, dass es ihm Freude machte, bei ihnen zu sein und ihnen zu dienen.

Wohl keine Erkrankung eignet sich so gut zur exemplarischen Veranschaulichung für den Prozess der Sünde (Trennung von Gott und seiner Güte) und dessen Auswirkungen auf das unsichtbare Ich (Seele), wie der Aussatz. Dass die Begegnung mit den Aussätzigen für Franziskus so wichtig werden konnte, ist nicht zuletzt darauf zurückzuführen, dass auch Jesus immer wieder Aussätzige heilte.

Im christlichen Handeln geht es nicht zuletzt um die Rückholung der Ausgegrenzten in die menschliche Gesellschaft. Jesus heilte Aussätzige, ja er berührte sie sogar und heilte auch Besessene, Blinde, Gelähmte und Gehörlose. Nur einmal heilte er eine so genannte

---

[26] **Aussatz** wird durch das Absterben der äußersten Nervenenden hervorgerufen. Es beginnt mit dem Absterben von kleineren und größeren Hautflächen und setzt sich ins Innere des Körpers fort. Erst ganz zuletzt werden lebenswichtige Organe angegriffen, sodass ein langes Siechtum dem Tod vorausgeht. Der Anblick von Aussätzigen, die gleichsam bei lebendigem Leib „verfaulen", war und ist bis heute schrecklich und zutiefst verstörend. Allerdings ist das Fortschreiten der zu stoppen, das relativ billig ist, aber Krankheit heute mit Sulfanamiden in vielen Ländern der 3. Welt oft trotzdem nicht zur Verfügung steht.

„normale" Krankheit, indem er die Schwiegermutter des Petrus von ihrem Fieber befreite. Alle anderen wundersa-men Heilungen bezogen sich auf Krankheiten, wodurch Menschen aus dem gesellschaftlichen Leben ausgeschlossen waren und durch Jesus ins bürgerliche Leben zurückgeführt wurden.

Dass die Gnade persönliche Züge nicht glättet oder aufhebt, zeigt sich an einer kleinen Geschichte aus seiner Jugendzeit: Eines Tages nahm der Schelm Franziskus einen Gefährten aus seiner wilden Zeit in die Umgebung von Assisi mit und erklärte ihm allen Ernstes, dass er einen kostbaren Schatz gefunden habe. Daraufhin führte er ihn zu einer Höhle, worin er selber verschwand, um zu beten, während sein Gefährte draußen mit den Gedanken an den Schatz beschäftigt war.

Berufung zum Retter der Kirche

Eines Tages, als er gerade an der Kirche von San Damiano vorüber ging, fühlte er sich hineingerufen. Er trat ein und betete innig vor dem Bild des Gekreuzigten. Da kam vom Kreuz eine milde und gütige Stimme, die sprach: „Franz, siehst du nicht, wie mein Haus zerstört wird? Geh und stelle es wieder her!" Zitternd und staunend über die Worte, die er gehört hatte antwortete er: „Gern will ich es tun, Herr!" Im ersten Überschwang dachte er, dass damit das Kirchlein von San Damiano gemeint sei, dessen Mauern aus Altersgründen und Vernachlässigung einzustürzen drohten. Als er vor die Kirche trat, noch ganz erfüllt von dem Zauber der Ansprache des Gekreuzigten, und den Priester Pietro dasitzen sah, gab er ihm einen Beutel Geld mit der Bitte, Öl zu kaufen. Damit sollte er vor dem heiligen Kreuzbild eine Lampe installieren, die wie das ewige Licht vor dem

Tabernakel brennen sollte, um die Erinnerung an sein Erlebnis für immer wach zu halten.

Abb. 13: Kreuz von San Damiano

Im Ereignis von San Damiano wurde der Kreuzesmystiker Franziskus geboren. Ab nun trug er „die Wundmale seines Herrn in seiner Seele und im Herzen", die lange Jahre danach, am Alvernerberg, auch seinem Körper sichtbar eingebrannt wurden. Noch aber glaubte Franziskus an den konkreten Auftrag, dass er die Kirche von San Damiano wiederaufbauen solle. In alter Gewohnheit machte er sich daher auf, nahm einen Ballen Tuch aus dem Laden seines Vaters und ritt damit nach Foligno. Dort verkaufte er das Pferd mitsamt allem, was er mitgebracht hatte und kehrte zur Kirche San Damiano zurück. Hier traf er noch denselben armen Priester, dem er das Geld zur Renovierung des Kirchleins über-geben wollte. Doch der Priester kannte ihn und wollte das Geld aus Furcht vor dessen Vater nicht annehmen. Daraufhin warf er den Beutel in eine Fensternische. Gleichzeitig bat er um Gastfreundschaft, was der Priester ihm gern gewährte; das Geld nahm er aber trotzdem nicht. Franziskus blieb nun bei ihm und vor allem in der Nähe seines gekreuzigten Heilands, der ihn so tief berührt hatte.

Zu Hause war man natürlich völlig verstört, als der geliebte Sohn nicht nach Hause kam und auch dort nicht zu finden war, wo er sich sonst herumtrieb. Als der Vater seine Gefährten als Kundschafter ausschickte, erfuhr er bald, wo er sich aufhielt und wie er sich verändert hatte. Diese Wendung der Dinge brachte den Vater völlig aus der Fassung. Er beschloss, der Sache ein Ende zu machen und seinen Sohn zurückzuholen. Als Franziskus seinen Vater kommen sah, packte ihn große Angst. Er verbarg sich in einer Felsenhöhle und harrte dort etwa einen Monat aus. Die nötige Nahrung erhielt er von zu Hause, wo die Mutter jemanden beauftragte, heimlich für ihn zu sorgen.

Für Franziskus selbst wurde diese Zeit der Prüfung aber gleichzeitig zu einer Zeit von tiefer Seligkeit. Er betete und erlebte die ersten Stunden der mystischen Versenkung in ihrer unbeschreiblichen Freude und innerem Glück. Ein wunderbares Licht erhellte sein Inneres – so wird er später berichten – und glühend vor Liebe und Begeisterung machte er sich schließlich auf den Weg zurück nach Assisi, um seinem Vater entgegenzutreten.

Doch schon auf den Straßen bekam er einen Vorgeschmack davon, was ihn hier erwarten würde. Bedingt durch sein verändertes Aussehen – die Tage in der

Wildnis hatten ihre Spuren hinterlassen – wurde schon äußerlich sichtbar, dass er verrückt geworden war. Und dementsprechend trat man ihm entgegen. Man beschimpfte ihn, nannte ihn verrückt oder Narr und warf sogar mit Steinen und Straßenkot nach ihm. Doch das alles ließ ihn kalt. Anders wurde es allerdings, als der Vater merkte, was da vor sich ging. Er stürzte wütend auf die Straße, packte den Sohn und schleppte ihn ins Haus. Einige Tage wurde er nun in einem finsteren Kellerraum festgehalten, wo ihn der Vater teils durch Zureden, teils durch Schläge wieder in die „Normalität" zurückzuholen versuchte. Aber weder Fesseln noch Schläge konnten Franz von seiner Berufung abbringen. Er ertrug alles in Geduld und wurde durch den äußeren Widerstand nur noch entschlossener und gefestigter. Als später der Vater wegen eines dringenden Geschäftes verreisen musste, versuchte ihn auch seine Mutter umzustimmen. Doch als sie erkannte, dass Franziskus von seinem Entschluss nicht abzubringen war, löste sie seine Fesseln und ließ ihn gehen.

Dankbar darüber, dass er die erste Prüfung bestanden hatte, machte er sich auf, um sich wieder in die Einsamkeit seiner Höhle zurückzuziehen.

Als der Vater zurückkam und von der Freilassung seines Sohnes erfuhr, überschüttete er die Mutter mit Vorwürfen. Da ihm als Geschäftsmann und Patriarch nichts anderes einfiel, wandte er sich an die städtische Behörde, damit sein Sohn, der sich widerrechtlich am Eigentum seines Vaters vergriffen hatte, vor Gericht geladen werde. Als die Ratsherren ihn so außer sich sahen, schickten sie Boten aus, um Franziskus in die Stadt zu holen. Dieser weigerte sich zu kommen, weil er im „Dienst des Allerhöchsten stehe und nicht mehr der weltlichen Gerichtsbarkeit unterstehe." Die Ratsherren, die diesem familiären Konflikt ratlos gegenüberstanden, lehnten es aber ab gewaltsam vorzugehen.

Als ihn der Bischof bat, zu einer Begegnung mit seinem erzürnten Vater zurückzukommen, folgte Franziskus seiner Einladung und kam in den bischöflichen Palast. Dieser redete ihm gut zu und versuchte den Konflikt zwischen Vater und Sohn zu entschärfen. Doch bemühte er sich vergeblich um eine Versöhnung der beiden. Franziskus holte daraufhin das Geld, das er in San Damiano hinterlegt hatte, zog sich in einem Raum des Palastes aus, legte Geld und Kleider vor den Bischof, seinen Vater und alle anderen Anwesenden hin und erklärte dazu:

„Hört, ihr alle, und versteht bitte: Bis jetzt nannte ich Pietro Bernardone meinen Vater. Da ich nun die Absicht habe, dem Herrn zu dienen, gebe ich ihm das Geld zurück, um das er so besorgt war und alle Kleider, die ich von ihm bekommen habe. Von nun an will ich sagen: „Vater unser, der Du bist im Himmel" und nicht mehr: „Vater Pietro Bernardone".

Der Bischof hatte den jungen Mann beobachtet und war voller Bewunderung über seine Festigkeit. Er schloss ihn in die Arme und hüllte seinen Mantel um ihn. Für Bischof Guido war klar, dass sich in dem Geschehen ein göttliches Geheimnis verbarg, und der junge Mann in einem besonderen Auftrag handelte.

Diese Szene voll leidenschaftlicher Emotion verlieh Franziskus den Nimbus eines Helden: herausgehoben aus der Schar der übrigen Heiligen. Auch bietet dieser Auftritt einen dramatischen Stoff, der sich für eine künstlerische Bearbeitung geradezu anbietet, wie viele Bilder aus der Hand bedeutender Maler beweisen. Auch

im Film von Zeffirelli[27] wird auf diese Szene besonderes
Gewicht gelegt.

Abb. 14: Franziskus trennt sich von seinem Vater

Was ihn diese Entscheidung wohl kostete? Was er vorher
litt, möchte man sich nicht einmal vorstellen! Noch nach
Jahren, als seine Brüder ihn einmal fragten, was das

---

[27] „Bruder Sonne, Schwester Mond"

schlimmste Erlebnis seines Lebens war, antwortete er leise: „Das mit meinem Vater!"

Renovierungsarbeit an San Damiano

Nun war Franziskus frei, um den Auftrag Jesu zu erfüllen, der, wie er meinte, darin bestand, das baufällige alte Kirchlein zu renovieren. Daher ging er immer wieder in die Stadt, um Steine zu sammeln, und zwar mit den Worten: „Wer einen Stein gibt, wird einfachen Lohn erhalten; wer zwei gibt, den doppelten; wer drei, wird entsprechend Vielfaches erhalten..."

Über diese einfältige Form der Schriftauslegung lachten die Leute und spotteten. Andere aber waren sichtlich bewegt, als sie sahen, wie überraschend schnell der junge Mann aus Leichtsinn und Übermut zu einer unglaublich tiefen Frömmigkeit gelangt war. Und weil er in SEINEM Namen verhöhnt wurde, lernte Franziskus auch sehr bald mit Spott und Lachen umzugehen.

Als verwöhnter junger Mann hatte er natürlich keine Erfahrung mit körperlicher Arbeit, dennoch scheute er keine Mühe, um die Renovierung der Kirche voranzutreiben. Gerührt von seiner körperlichen Anstrengung, sorgte der Priester von San Damiano für kräftige Nahrung. Doch nicht lange! Denn als Franziskus merkte, dass er ihn bevorzugt behandelte, nahm er einen Bettelsack und ging damit in die Stadt, um Almosen zu sammeln. Die empfangenen Speisen sammelte er in einem Napf. Als er das Gemenge zu sich nehmen wollte, schauderte ihm davor. Aber er überwand sich und aß. „Und ihm war, als hätte ihm nie eine Speise so gut geschmeckt."

Das Gefühl des Ekels warnt und schützt vor dem Genuss verdorbener Speisen, die schaden könnten. Dieses Gefühl ist sehr wichtig, tief im Menschen verankert und nur mit großer Anstrengung zu überwinden. Franziskus wusste, dass ihm die erbettelten Speisen nur ungenießbar erschienen und setzte mit großer Willensanstrengung seine emotionale Abwehr – den Ekel – durch Konzentration außer Kraft. Damit begann er seine psychischen Bedürfnisse, seine Empfindlichkeiten abzubauen, die ihn daran hinderten, geistig frei zu werden, ganz offen zu werden für seine Aufgaben im göttlichen Dienst. Dass ihm „Bitteres süß wurde", dazu brauchte es aber auch noch ein hohes Maß an Gnade, was in den Texten immer wieder durchschimmert. Doch erhält auch jeder von uns ein ausreichendes Maß an Gnade, das nötig ist, wenn wir uns zu Selbstdisziplin und Verzicht entschließen, um in schwierigen Situationen zu bestehen.

Pietro Bernardone, der die Verrücktheiten seines Sohnes mit ansehen musste, tobte innerlich. Und wenn er ihm, den er so sehr liebte, abgemagert und mitgenommen auf der Straße begegnete, verfluchte er ihn. Da ein Fluch des Vaters damals sehr gefürchtet war, holte Franziskus einen verachteten Armen an seine Seite, der gleichsam als Stellvertreter des leiblichen Vaters, ihn jedes Mal segnen sollte, wenn Bernardone ihn wieder einmal verfluchte. Der Arme segnete ihn, und der Heilige sprach zu seinem Vater: „Glaubst du nicht, dass Gott mir einen Vater geben kann, der mich trotz deines Fluches segnet?" Der Bruch mit seinem Vater gehört zweifellos zu den seelischen Wunden, die Franziskus schwerer zusetzten, als überliefert wurde. War er doch von Natur aus ein liebender Mensch, der durch den Starrsinn seines Vaters gezwungen war, ihm gleichsam feindlich gegenüber zu stehen. Dieser Schmerz saß tief und verdunkelte seine Tage als junger Mann, bis er lernte, sich dem Unvermeidlichen zu fügen.

Wie es seiner Mutter damals erging? Darüber schweigen die Quellen. Doch lässt sich mit wenig Fantasie ihr Leid und ihr Schmerz nachfühlen, als sich die Kluft zwischen Vater und Sohn immer mehr vertiefte und sie nichts dagegen tun konnte. Es sind die Stunden, die jede liebende Mutter ertragen muss, ähnlich wie Maria, die von Jesus einmal hören musste: „Wer ist meine Mutter, und wer sind meine Brüder ..." (Mt12,48)

Franziskus arbeitete unterdessen an der Renovierung von San Damiano weiter. Da er sich eine ständig brennende Öllampe vor seinem Kreuzesbild wünschte, machte er sich wieder einmal auf, um für sein Anliegen zu betteln. Als er sich einem Haus näherte, wo die Leute beim Spiel versammelt waren, schämte er sich, bei ihnen zu betteln und wich zurück. Im Weggehen besann er sich aber und warf sich seine Scheu als Sünde vor. Daraufhin kehrte er um und klagte sich vor der ganzen Schar an, dass er sich geschämt habe, um Almosen für die Lichter von Damiano zu betteln.

Die erste Predigtarbeit von Franziskus fand zweifellos in Assisi statt, wo er durch Geduld und seine sichtbare Berufung die Leute zum Nachdenken brachte. Wenn er an der Renovierung von San Damiano arbeitete und Leute vorbeikamen, forderte er sie auf provenzalisch auf: „Kommt und helft an dem Bau der Kirche von San Damiano!" Damit predigte er schon fast ohne Worte. Doch sollte sich das bald ändern, als sich ihm die ersten Gefährten anschlossen.

Berufung zu Armut und Predigt

Als er einmal während einer Hl. Messe den Vers hörte: *„... dass die Jünger weder Gold noch Silber, weder Reisetasche noch Beutel mit sich nehmen sollen, weder Schuhe,* *noch Stab noch zwei Röcke."* (Mt10,10) spürte er deutlich, dass dieser Vers für ihn galt. „Das ist es!" sprach er, „und ich möchte es erfüllen mit ganzer Seele." Daraufhin gab er alles weg, was er doppelt besaß. Auch Stab und Schuhe, Tasche oder Ranzen brauchte er künftig nicht mehr. Er vertauschte sein Gewand mit der ärmlichen Kleidung der umbrischen Landleute und nahm statt des Gürtels einen Strick.

Es war im März 1209, als Franziskus seine Predigten begann. Wahrscheinlich richtete er seine Ansprachen an zufällig versammelte Gruppen, nicht nur im Freien, sondern auch in den Kirchen. Dass Bischof Guido ihm dabei freie Hand ließ, verwundert nicht, da er Franziskus voll und ganz vertraute. Dazu kam, dass die Kirchen von damals nicht nur dem Gottesdienst vorbehalten, sondern auch Räume für Versammlungen waren, die sich mit allgemeinen Anliegen der Gemeinde befassten. In der überschaubaren Kommunität von Assisi begannen nun auch Leute, die anfangs zu den Spöttern gehörten, über die Geduld des jungen Bernardone zu staunen und ihn zu bewundern.

Gleichzeitig setzte er seinen Weg der persönlichen Askese und körperlichen Kasteiungen fort, um seine Sinne in die Pflicht zu nehmen. Den Gefahren der natürlichen leiblichen Ansprüche begegnete er zweifellos mit einem Übermaß an Disziplin. In gesunden wie auch in kranken Tagen schonte er sich nie, was ihn erst am Ende seines Lebens erkennen ließ, dass er gegen seinen Leib, den „Bruder Esel", viel gesündigt hatte. Wieder einmal nahm Franziskus wörtlich, was auch übertragen gesehen werden kann.

Franziskus predigte und sprach, „wie es ihm der Geist des Herrn eingab." Der Heilige Geist war die Quelle schlechthin, die seine Predigten leitete, weil sein Bibelwissen anfangs noch auf schwachen Füßen stand und ihm jegliche theologische Ausbildung fehlte. Ein bisschen erinnert sein Vorgehen an den Apostel Paulus, der seine Missionspredigt auch nur aus innerem Wissen schöpfte und erst sehr viel später zu den Aposteln fand, um zu prüfen, dass er nicht vergeblich gelaufen war, d.h. dass sich seine christliche Verkündigung mit jener der Apostel deckte.

Die ersten Gefährten

Als Franziskus nach und nach als Prediger bekannt wurde und die Zuhörer von der Begeisterung und Kraft seiner Worte mitgerissen wurden, zog sein Beispiel auch andere junge Männer in ihren Bann. Der erste von ihnen war Bruder Bernardo von Quintavalle. Dieser, fasziniert von seinem Mut, lud Franziskus eines Tages in seinen Palast ein, um mehr von ihm zu erfahren. Zweifellos war er beeindruckt von seinen Antworten, aber noch mehr von ihm selbst. Als Franziskus dachte, dass Bernardo schlief, stand er auf und betete die ganze Nacht mit den Worten: „Mein Gott und mein Alles!"

Da er nun nicht mehr für sich allein verantwortlich war, beschloss er, gemeinsam mit Bernardo das Evangelienbuch zu Rate zu ziehen, wie sie es in Zukunft halten sollten. In der Kirche San Niccolo, wo die beiden mit Pietro di Cattaneo am nächsten Morgen eintrafen, beten sie um die Gnade, dass ihnen Gott zeigen wolle, was er von ihnen erwarte. Franziskus schlug daraufhin das Evangelium auf und fand den Rat des Herrn: *„Willst du vollkommen sein, so gehe hin und verkaufe alles und gib es den Armen, und du wirst einen Schatz im Himmel haben.* (Mt 19,21) In Verehrung der Hl. Dreifaltigkeit schlug er das Buch noch zweimal auf und las: *„Ihr sollt nichts* *mitnehmen auf den Weg."* (Lk 9,3) und *„Wer mir nachfolgen will, verleugne sich selbst."* (Mt 16,24)

Daraufhin wandte sich Franziskus an seine beiden Gefährten und sagte: „Meine Brüder, das ist nun für uns und alle, die sich unserer Gemeinschaft anschließen wollen, unsere Lebensordnung und Regel. Nun geht und handelt, wie ihr gehört habt."

Das geschah am 16. April 1209 und dieses Datum war gleichzeitig die Geburtsstunde ihres späteren Ordens. Bruder Bernardo, der sehr reich war, verkaufte alles, was ihm gehörte und verteilte das Geld unter die Armen der Stadt. Auch Pietro ordnete seine Angelegenheiten im selben Sinn. Dann kleideten sich beide in den gleichen Habit, den der Heilige seit kurzem trug. In seinem Testament wird Franziskus schreiben: „Der Herr offenbarte mir, wie ich nach der Weise des Heiligen Evangeliums leben solle." Bruder Egidio, ein Mann aus Assisi, war der Vierte im Bunde. Nun konnten sie jeweils zu zweit aufbrechen. Franziskus zog mit Egidio zunächst in die Mark Ancona. Glücklich über seine neu gefundenen Gefährten zog Franziskus, provenzalische Lieder singend, seines Weges. Wenn sie unterwegs auf Leute trafen, sprachen sie diese an und mahnten sie Gott zu lieben, zu fürchten und Buße für ihre Sünden zu tun. Manche bewarfen sie mit Steinen und trieben sie mit Stöcken weg. Manche nannten sie Narren und Trunkene, andere aber meinten, Worte, wie die ihren könnten doch nicht aus Wahnsinn kommen. So bemerkte einmal einer der Zuhörer:

„Entweder beruht ihr Tun auf höchster Vollkommenheit, und sie hangen wirklich Gott an, oder sie sind gewiss verrückt. Ihr Leben ist offenbar zum Verzweifeln elend; sie essen überaus wenig, gehen barfuß einher und kleiden sich verächtlich."

Von einer erfolgreichen Predigtarbeit konnte damals nicht die Rede sein: zu fremd, zu ungewohnt war alles, was sie verkündeten. Auch verweigerte man ihnen die mindeste Gastfreundschaft und Nahrung, sodass sie oft Hunger litten und weiterziehen mussten. Doch blieben sie unbeirrbar bei ihren Vorsätzen. Bischof Guido von Assisi, an den sie sich öfter um Rat wandten, nahm sie immer wieder gütig auf und meinte unter anderem: „Euer Leben erscheint mir hart und nichts Irdisches besitzen ist schwer." Darauf antwortete der Heilige, indem er genau den Punkt berührte, worin damals auch die Problematik der begüterten Abteien und Orden bestand: „Herr, wollten wir etwas besitzen, so müssten wir auch Waffen zu unserer Verteidigung haben. Daher kommen ja die Streitereien und Kämpfe, die so oft die Liebe Gottes und der Mitmenschen hindern. Darum wollen wir nichts Zeitliches in der Welt besitzen".

Wie kaum jemand sonst – mit Ausnahme seines spanischen Kampfgenossen Dominikus – hatte Franziskus zu seiner Zeit erkannt, wie verderblich der Einfluss von Besitz und Geld auf den natürlich (unreflektiert, bzw. unbewusst) agierenden Menschen ist. Auch wusste er über die psychologischen Mechanismen hinter dem Phänomen „haben" sehr gut Bescheid, wie später noch zu zeigen sein wird.

Die tiefste Grundlage für die Tugend der Armut bestand für Franz allerdings in der Verinnerlichung des Satzes, *„Der Menschensohn hat nichts, wohin er sein Haupt legen soll"* (Mt 8,20b) Darin sah er die absolut bindende Grundlage für das Leben der Seinigen. Mehr als eine Kutte galt ihm schon als Zeichen für Begehrlichkeit. Die rechte Art und Weise eine Mahlzeit einzunehmen schien im folgendermaßen: eine Schüssel erbettelter Speise als einziges Gericht, den Boden als Tisch, die Asche als Bank und ein

Becher Wasser dazu; das war schon mehr, als man sich wünschen konnte. Oft war nicht einmal erbettelte Speise vorhanden, und ein Stück schwarzes Brot oder Rüben mussten genügen. Geld floh Franziskus wie Teufelswerk. Ein Bruder, der einmal eine erbettelte Münze herbeibrachte, musste diese in den Mund nehmen und draußen auf den Düngerhaufen legen. Eindringlich und deutlich findet diese seine Grundhaltung später in der Ordensregel Ausdruck:

> „Geben wir Acht, die wir alles verlassen haben, dass wir nicht um solch geringen Wertes willen das Himmelreich verlieren! Wenn wir irgendwo Geld finden, so wollen wir uns nicht mehr darum kümmern als um Staub, den wir mit Füßen treten."

Franziskus wünschte sich die Seinen als Muster der Selbst- und Weltverachtung, immun gegen eitle Ehre und froh in Verfolgung und Schmach. Alle diese Eigenschaften sollte der Name „Minderbruder" zum Ausdruck bringen.

Berufung zur Demut

Die zweite Säule des Ordenslebens sollte die Tugend der Demut werden. Von ihm selbst wird überliefert, dass er sich einmal in einem Gedankenspiel folgendes ausmalte: „Auf einer Ordensversammlung, wo er die Brüder unterweisen und ermahnen sollte, würden diese gegen ihn aufstehen und schreien: ‚Wir wollen dich nicht mehr als Herrn über uns! Du bist kein Redner, bist gar unscheinbar von Gestalt, im Auftreten und in deiner Denkungsweise.' Und wenn sie ihn zu seiner Beschämung und Schande schließlich absetzten, und er sich nicht darüber freute, könnte er sich nicht mehr als rechten Minderbruder betrachten".

Abb. 15: Franziskusportrait in der Unterkirche von San Francesco

Diese Überlegungen verdeutlichen sehr plakativ die Gefahr, die einer unangefochtenen Führungsposition anhaftet. Die Gefahr des Reichtums und des Besitzes hatte er mit seiner Regel auszumerzen versucht. Doch entkommt der Leiter einer Gemeinschaft der emotionalen Gefahr von Eitelkeit und Stolz nicht so leicht und vor allem nicht mit einer einmaligen drastischen Entscheidung. Um sich dieser Gefahr zu stellen, erbat er einen Guardian für sich, den er im täglichen Leben wie seinen Oberen achten wollte.

Ich denke, dass diese Grundhaltung von Franziskus einzig dasteht in der kirchlichen Ordensgeschichte. Doch wusste er auch, wem er diese Freiheit verdankte: „Gott hat mir unter anderem die Gnade gegeben, dass ich einem Novizen, der heute in unseren Orden einträte und mir zum Guardian gegeben würde, ebenso eifrig gehorchen würde, wie dem ersten und ältesten meiner Gefährten."

Um den vollkommenen Anspruch des Gehorsams zu veranschaulichen, griff er ein anderes Mal zu einem sehr drastischen Vergleich.

„Nimm einen entseelten Leib und lege ihn hin, wohin du magst: Du wirst sehen, dass er mit keiner Bewegung widerstrebt, seine Lage nicht ändert und sich nicht beschwert, wenn du ihn liegen lässt. Stellst du ihn auf ein Postament, strebt er nicht hoch hinaus, sondern neigt sich herab; hüllst du ihn in Purpur, erscheint er doppelt so bleich."

Als härteste Probe, um Armut und Demut zu üben, betrachtete er das Betteln. Aus eigener Erfahrung wusste er, wie einem Menschen dabei zumute ist. Aber er nannte die spürbare Beschämung eine „heilige" und lobte sie, wo er nur konnte. Dennoch geschah es offenbar nicht oft, dass die Brüder lobsingend vom Betteln zurückkamen, da in der Überlieferung besonders erwähnt wird, dass Franziskus einem singenden und fröhlichen Bruder, der vom Betteln kam, entgegeneilte und ihm um den Hals fiel.

Ein anderes Mal wanderten Franziskus und Bruder Leo von der Anhöhe von Perugia hinab in die Ebene in Richtung St. Maria degli Angeli. Es war bitterkalt, und sie froren jämmerlich. Daraufhin begann Franz seine Belehrung über die vollkommene Freude, die in christlichen Kreisen noch heute lebendig ist: Im Wesentlichen geht es bei dieser Belehrung um die Frage, ob große

Wundermacht, vollkommenes Wissen oder die Macht der Worte, die den Minderbruder zum unwiderstehlichen Prediger machen könnten, gleichbedeutend ist mit vollkommener Freude. Als Franziskus im geistlichen Dialog immer wieder zu dem Schluss kam, dass darin nicht die vollkommene Freude liege, bat ihn Bruder Leo schließlich um eine gültige Antwort: „Vater ich bitte dich in Gottes Namen, so sage mir, worin die vollkommene Freude liegt." Franziskus erwiderte darauf:

„Wenn wir, ganz durchnässt vom Regen und von Kälte durchschauert, von Straßenkot schmutzig und von Hunger gepeinigt, nach S. Maria degli Angeli kommen, und wenn wir dann an der Pforte läuten und der Pförtner käme und spräche: ‚Wer seid ihr?' und wenn er auf unser Wort: ‚Wir sind zwei deiner Brüder,' uns anführe und spräche: ‚Was? Zwei Landstreicher seid ihr und streift in der Welt herum und nehmt den Armen die Almosen weg!' und er würde uns nicht aufmachen, sondern ließe uns stehen in Schnee, Wasser, Frost und Hunger bis in die Nacht hinein – wir aber würden die Unbillen und Beleidigungen ruhig und ohne Murren geduldig ertragen und würden denken, der Pförtner kenne uns wirklich gut und Gott werde ihm solche Worte auf die Zunge gelegt haben – 'Darin, Bruder Leo – schreibe es – liegt die vollkommene Freude'."

Die Geschichte variiert in der Folge noch die Intensität des rauen Empfanges, bis hin zu Schlägen und der Vertreibung der Brüder von der Klosterpforte. Doch im Grunde gipfelt die Metapher in dem Bewusstsein, dass wir die Gaben der Wundermacht, des vollkommenen Wissens, der unwiderstehlichen Predigt nur von Gott erhalten können, während das Ertragen von Entehrung und Kränkung, um Christi willen, uns gehört; und zwar ganz im Sinne des Apostels, der schreibt:„...*mir sei ferne, mich zu rühmen, außer im Kreuz des Herrn.*" (Gal 6,14)

Alltag fern der Welt

Der normale Alltag der Brüder bestand aus Gebet und körperlicher Arbeit. Sie verdingten sich als Taglöhner der arbeiteten in Siechenheimen – denn als Krankenhäuser konnte man die damaligen Einrichtungen kaum bezeichnen. Als Lohn wurden Nahrungsmittel vereinbart, die der ganzen Bruderschaft zugutekamen.

Waren die Brüder nicht bei der Arbeit, dann sollten sie beten. Streng wurde in Portiunkula auf das Stillschweigen geachtet, um die innere Sammlung nicht zu stören. Besuche von Fremden suchte man zu unterbinden, und wenn es nicht anders ging, möglichst kurz zu halten. Außer zum Arbeiten und Predigen durften die Brüder Portiunkula nur dann verlassen, wenn sie sich in die verborgenen Grotten und Höhlen des Subiaso zum einsamen Gebet zurückziehen wollten. Dieser war damals noch eine menschenleere karge und felsige Landschaft, wo Natur und Stille die Brüder gleichsam von selbst zu Gebet und Betrachtung hinführten.

Franziskus wachte sehr aufmerksam über seine Brüder und verlangte von jedem strenge Selbstzucht. Auch die geheimen Regungen ihres Herzens – wir würden heute sagen ihre emotionalen Widerstände – sollten sie immer besser kennen und meistern lernen. Wenn er merkte, dass ein Bruder nicht ernsthaft kämpfte, dann griff Franziskus auch ein und verpflichtete ihn zu Handlungen, die jener gerade vermeiden wollte. So wollte Bruder Rufinus, früher einer der angesehensten Männer des Städtchens, in Assisi nicht predigen. Das verstand Franziskus. Aber gerade deswegen schickte er ihn in die Stadtkirche, um dort zu predigen, und zwar ohne Kutte, nur mit der Hose bekleidet: Das war die Buße. Der gedemütigte Mann lernte an diesem Tag wohl den vollkommenen Gehorsam inmitten der johlenden Menge unter der Kanzel, und empfand sich in direkter Nachfolge von Jesus in Verachtung und Schmach. Erst als Rufinus gegangen war, um seinen Befehl zu erfüllen, begriff Franziskus die Tragweite seiner Entscheidung. Er begann sich Vorwürfe zu machen, und zwar dahingehend, dass er selber, der Sohn des Pietro Bernardone, dem Bruder Rufino, der zu den edelsten Bürgersleuten von Assisi gehörte, den Befehl gab, halbnackt vor dem Volk zu predigen. Daraufhin beschloss er, sich in derselben Weise dem Volk zu zeigen. Er zog seinen Habit aus und ging nur in seinen Hosen nach Assisi, mit Bruder Leo[28] im Gefolge, der sich krampfhaft Mühe gab, seine Gedanken zusammenzuhalten, während er beiden Brüdern die Röcke nachtrug.

Als die Leute von Assisi auch Franziskus halbnackt daherkommen sahen, dachten sie, die beiden Brüder seien vor lauter Buße verrückt geworden. Doch als Franziskus über die Nacktheit und Schmach unseres gekreuzigten Heilands auf seinem Leidensweg predigte, wandelte sich der anfängliche Spott in Bewunderung und Faszination, da niemand über das Leiden des Herrn je eindringlicher und herzergreifender gesprochen hatte.

Wenn aber die Brüder die strengen Anforderungen des Ordenslebens trotz ihres Bemühens nicht erfüllen konnten oder wenn einer krank war, dann konnte der strenge Ordensvater sehr mild und rücksichtsvoll werden. So wird berichtet, dass ein neu eingetretener Bruder in der Nacht vor sich hinjammerte: „Ich sterbe!" Als ihn

---

[28] Dass diese Geschichte von Bruder Leo tatsächlich so erlebt worden ist, darüber besteht kein Zweifel, da ihn der Hinweis als Autor verrät, als er „sich krampfhaft Mühe gab, seine Gedanken beisammen zu halten."

Franziskus daraufhin fragte, warum er zu sterben glaube, antwortete dieser: „Ich sterbe vor Hunger!" Daraufhin stand Franziskus auf und richtete eine Jause, zu der er auch die anderen Brüder einlud, damit der hungrige Bruder sich nicht zu schämen brauchte. Ein anderes Mal schlich er sich mit einem Kranken in einen nahen gelegenen Weingarten, wo sie sich die Trauben solange schmecken ließen, bis sich der Bruder gesund gegessen hatte.

In Fragen von selbst gewählten körperlichen Bußen war der Heilige sehr darauf bedacht, dass die Brüder Maß hielten und sich nicht schädigten. Auch in diesem Punkt war ihm der Gehorsam wichtiger als die Strenge der Askese. Nur gegen sich selbst kannte er weder Schonung noch Rücksicht. Dem „Bruder Leib" oder – wie er ihn nannte – dem „Bruder Esel" gönnte er kaum, was man zum Leben braucht. Gekochte Speise war ihm schon lange fremd, und wenn er einmal dazu kam, würzte er sie mit Asche oder kaltem Wasser. Ein Stück Brot, um den Hunger zu stillen, zog er jeder anderen Speise vor. Aber leisten muss der „Bruder Esel" alles, was der hochgespannte, eiserne Wille von ihm verlangte. Zu Gebet und Arbeit musste er immer aufgelegt sein. Auch musste der arme Körper manche Nacht ohne Schlaf und Erholung auskommen. Auch gegen Geißelhiebe und Bußen aller Art durfte er nicht murren. Wenn Franziskus die Brüder mahnte, in dieser Hinsicht nicht zu übertreiben, wussten alle, dass Tun und Rede bei dem geliebten Vater selbst nicht in Einklang standen.

Die Überstrenge seiner Bußübungen mag heute sehr befremdlich wirken. Und man fragt sich vielleicht, warum hat er sich selbst so gequält? Wie passt sein Verhalten mit dem Bild des liebevollen Gottes zusammen? Konnte Gott seinen strengen Bußübungen zustimmen?

Wenn man so fragt, dann wird vom rein menschlichen, innerirdischen Standpunkt ausgegangen. Eher wäre zu fragen, welche Tiefe der Erkenntnis und welcher Grad von innerer Beziehung zum gekreuzigten Menschensohn ihn zu einem solchen Leben bewog? Wie sehr hatte er das Ausmaß der Demut und Leiden des Heilandes verinnerlicht, sodass er als „kleiner Mensch" SEINEN Spuren folgen wollte? Welches tiefe Glück der inneren Gottesbegegnung wollte er als Minderbruder – wie er sich selber fühlte – damit „beantworten"? Wie nahe er seinem Gott, – *der Alles für ihn war* – gekommen war, lässt sich nicht einmal erahnen. Aus den späteren Schriften der Mystiker wissen wir, dass die inneren Erlebnisse mit Gott alle menschliche Freude übersteigen und kaum Worte gefunden werden können, um sie auszudrücken. Die empfundene Seligkeit ist so überwältigend, dass kein Opfer zu groß, kein Weg zu weit und keine Entbehrung auszureichen scheint, um das Übermaß der erlebten Freude irgendwie auszugleichen. Es war tiefste Dankbarkeit gegenüber dem menschgewordenen Erlöser, der Franziskus und auch andere Heilige beflügelte, zumindest in ihren Grenzen, SEINEN Spuren zu folgen und den Ansprüchen der sinnlichen Natur massiv (manchmal auch zu massiv) entgegenzuarbeiten.

In Bezug auf seine Enthaltsamkeit im Umgang mit Frauen kam Franziskus natürlich auch nicht ungeschoren davon. Er war ein junger Mann, wenn auch durch Fasten und Nachtwachen geschwächt. Dennoch sehnte sich auch sein Körper nach Nähe und sexueller Erfüllung.

Eines Nachts, so wird berichtet, wurde er im Gebet durch den Gedanken gestört, ob er, wenn er seinen Körper durch Kasteiung zugrunde richte, tatsächlich im Sinne der Barmherzigkeit Gottes handle? Doch bald erkannte er an seiner sexuellen Erregung, wohin ihn dieser Gedanke führte. Daraufhin schlug er sich hart mit einem Strick und sagte zu sich selber: „Da sieh Bruder Esel! In solcher Lage gefällst du mir! So musst du die Peitsche fühlen! Hast du noch Lust, Reißaus zu nehmen?"

Doch sein Körper blieb bockig und verlangte weiter sein Recht. Da öffnete er seine Zelle, trat in den Garten und warf sich nackt in den Schnee. Dann kratzte er Schnee mit den Händen zusammen und formte sieben säulenförmige Gebilde, stellte sie vor sich hin und sprach zu seinem Körper: „Da sieh, dieser größere Klumpen, das ist deine Frau – die nächsten vier sind deine Söhne und Töchter – die zwei letzten sind der Knecht und die Magd, die du als Angestellte brauchst. Nur rasch! Sie wollen gekleidet sein, sie sterben sonst vor Kälte! Wie? Die Fürsorge für diese Schar ist dir zu lästig? So diene dem einen Herrn mit ganzer Hingabe!"

Wieder einmal hatte sich sein angeborenes theatralisches Talent durchsetzt, das geistige Prozesse gern in konkrete Bilder kleidete. Doch war ihm die ganze Szene später peinlich, weil er dem Bruder, der das Ganze beobachtete, verbot, zu seinen Lebzeiten davon zu erzählen.

Um seine stolze und selbstsüchtige Natur zu brechen, fand Franziskus immer wieder Gründe, um selbst betteln zu gehen, was ihn nach wie vor Überwindung kostete. Hatte ihn ein liebloser Gedanke auch nur leise berührt, hielt er es nicht aus, bis er dem Bruder seine Schuld einbekannte und ihn um Verzeihung gebeten hatte. Wenn er Anwandlungen von stolzen und selbstgefälligen Gedanken bei sich feststellte, mussten ihn die Brüder schelten und hart anfahren. Bruder Bernardo wurde von ihm sogar gelegentlich angewiesen, drei Mal über den am Boden liegenden Meister zu steigen. Dabei musste er ihm auf den Mund treten und sagen: Bleib nur liegen, du nichtswürdiger Sohn des Pietro Bernardone! Woher hast du solchen Stolz, der du doch nur ein elendes Geschöpf bist?" Wie sich Bruder Bernardo bei diesem Ansinnen fühlen musste? Dieser Gedanke scheint ihm wohl nicht in den Sinn gekommen zu sein. Auch Heilige stoßen zu Zeiten an ihre menschlichen Grenzen …

Die unablässige Mühe, sich selber zu „verlassen", um die eigene Seele, das eigene Ich immer mehr Gott anzuvertrauen, zeichnet Franz von Assisi ebenso aus, wie viele andere Heilige, die – ausgestattet mit ihren Fähigkeiten und Grenzen – sich mühen mussten. Der Weg in das Geheimnis der innigen Gottesbeziehung war für Franziskus ein Weg der Buße und Selbstverleugnung, der trotz seiner Härte, für ihn selbst wohl der richtige war.

Gleichzeitig fand er sich in unmittelbare Gottesnähe versetzt, wann immer er sich betend zu IHM wendete; im Wald, in den Klüften des Subiaso oder in einem anderen stillen Versteck, wo ihn die Brüder seufzen und reden hörten. Voll Rührung und Erschütterung schlug er die Hände an die Brust, während ihm Tränen über das Gesicht liefen. Zu anderen Zeiten kniete er unbeweglich, während alles rings um ihn in Dunkel und Vergessenheit versank. Das waren Stunden tiefer Freude und himmlischer Seligkeit. Doch brauchte Franziskus nicht die Einsamkeit, um bei Gott zu sein. Oft genügte es, dass jemand von der Liebe Gottes sprach, um ihn gleichsam in SEINE Gegenwart zu versetzen. Manchmal konnte man ihn mitten unter der Menge beobachten, wie er seinen Mantel um sich schlug oder mit dem Ärmel das Gesicht verhüllte. Da wussten seine Brüder, dass er durch die Gnade zu IHM entführt wurde. Einmal – so wird berichtet – wollte Franziskus auf einem längeren Ritt in Borgo San Sepolcro Rast halten. Unterwegs strömten die Leute herbei, um den Gottesmann zu verehren. Man zupfte an seinem Gewand und schnitt sogar Stückchen von seiner Kutte ab, doch er merkte nichts von alledem, so sehr war er in sein Inneres versenkt. Längst war man über Borgo hinaus und nahezu am Ziel der Reise angekommen, da erwachte er wie aus einem Traum und fragte: „Wann kommen wir nach Borgo?"

Voll Ehrfurcht und Bewunderung schauten die Brüder zu Franziskus empor, der gleichsam auf einsamen Höhen dahin schritt. Sie kannten aber auch den Weg, den er genommen hatte: „Mehr brauche ich nicht, mein Sohn", hatte er einem von ihnen gestanden, „ich kenne Christus, den Armen und den Gekreuzigten." Christus, war für Franziskus der Weg, die Wahrheit und das Leben; und auf diesen Weg wollte er auch die Seinen führen.

Das gelebte Vorbild von Franziskus blieb nicht ohne Wirkung auf die Brüder. Ihr gemeinsames Leben war geprägt von Rücksicht und Liebe. Und weil Gehorsam die Haltung der Demut im Inneren des Menschen wirkungsvoll stützen kann, kamen sie überein, einander gehorsam zu sein. Wenn es einmal geschah, dass einer dem anderen etwas sagte, das jenen kränkte oder verletzte und das erst im Nachhinein erkannte, dann bat er den Bruder kniend um Verzeihung und wartete bis der Gekränkte ihm den Fuß auf den Mund setzte. Wenn dieser das verweigerte, gebot es ihm der Andere, wenn er Befehlsgewalt über ihn hatte. Wenn nicht, dann ließ er einen Höheren auffordern, ihn dazu zu bringen. Diese Übereinkunft wählten sie, um die Achtsamkeit untereinander zu fördern und vor allem eine ständige Konzentration und Reflexion des eigenen Verhaltens zu erzielen.

Dass es in ihrem Fall ziemlich drastische Mittel waren, die sie einsetzten, liegt auf der Hand. Wahrscheinlich wäre ein heiligmäßiges Leben auch mit weniger „drastischen" Mitteln möglich. Doch steht es uns kaum zu, aus unserer heutigen Perspektive ihre Art von Selbsterziehung zu beurteilen. Zweifellos liebte Franziskus plakative Methoden – das stimmt – aber er und die Brüder waren auch aus einem anderen Holz geschnitzt als wir moderne Menschen. Was uns heute übertrieben und schwer erscheint, war für sie vielleicht nur eine Übung auf dem Weg ihrer Askese und Selbstdisziplin.

Bücher und alle Dinge, die sie zur Verfügung hatten, gebrauchten die Brüder gemeinsam. Wurde ihnen etwas geschenkt, das sie nicht unmittelbar brauchten, überließen sie es den Armen. Wenn sie absolut nichts zu geben hatten, dann verschenkten sie Teile ihres eigenen Gewandes, manchmal die Kapuze, oder auch einen Ärmel ihrer armseligen Kleidung, getreu der Aufforderung: *„Einem jeden, der dich bittet, dem gib!"* (Lk 6,30)

Völlig losgelöst von den Ansprüchen der Welt lebten sie verbunden mit Christus. Gerechtigkeit, Buße und das Evangelium sollten ihren Nachfolgern einen klaren und sicheren Weg bahnen.

Die Brüder beim Papst

Franziskus und seine ersten Brüder waren Laien, ihnen stand nicht ohne weiteres das Amt des Predigers zu; dazu brauchten sie die kirchliche Sendung. Zwar konnten sie im Sprengel von Bischof Guido uneingeschränkt predigen und wirken. Wenn jedoch ihre Bruderschaft darüber hinauswachsen sollte, brauchten sie die Erlaubnis des Papstes. Daher beschlossen sie im Sommer 1210, als die Schar der Brüder auf zwölf Personen angewachsen war, gemeinsam nach Rom zu wandern, um ihre Gründung, ihre Regeln und ihre Pläne dem Papst vorzulegen.

Glücklicherweise trafen sie in Rom Bischof Guido von Assisi, der ihnen den Kontakt zu Kardinal Giovanni Colonna von S. Paolo herstellte. Der Kardinal, beeindruckt von ihrem Auftreten und ihren Plänen, ging zum Papst, erzählte ihm von den Brüdern und sagte prophetisch: „Mir scheint, dass der Herr durch ihn den Glaubensgeist der heiligen Kirche in aller Welt erneuern will".

Erstaunt über diese Worte, beauftragte der Papst den Kardinal, Franziskus zu ihm zu bringen. Damals saß Innozenz III. auf dem päpstlichen Thron, einer der mächtigsten Männer der Zeit, ein scharfsinniger Geist von großer, juristischer Bildung, der die Not der damaligen Kirche klar erkannte und den die Sorge um die Kirche bis in seine Träume verfolgte: „Dabei war ihm einmal im Traum, als sei die Kirche San Giovanni Laterani vom Einsturz bedroht; da kam ein Gottgeweihter, gering und verächtlich vom Aussehen, und stützte die Kirche mit seiner Schulter."

Abb. 16: Der Traum von Papst Innozenz III.

Als Franziskus dem Papst vorgestellt wurde und voll Begeisterung und Feuer aus ganzer Seele um die Bestätigung seiner einfachen Regel ersuchte, erinnerte sich der Papst an seinen Traum, und es kam ihm der Gedanke: „Das ist gewiss der heilige Mann, der die Kirche Gottes halten und stützen wird".

Er schloss ihn in die Arme, bestätigte die von ihm verfasste Regel und gab ihm und den Brüdern die Erlaubnis, überall Buße zu predigen. Franziskus war überglücklich, dankte Gott, kniete nieder und versprach dem Papst Demut, Gehorsam und Ehrfurcht.

Der Bericht von Celano geht nicht weiter auf die Schwierigkeiten ein, die sich im Dialog zwischen Franziskus und dem klugen Papst ergaben. So selbstverständlich und klar war es durchaus nicht, dass der bescheidene Mönch den Papst durch die Art seine Gesprächsführung schließlich überzeugen würde. Wenn wir aber die göttliche Führung ernst nehmen, die sich der Person des schlichten Mannes aus Assisi bemächtigt hatte – und die in der legendären Überlieferung des Traumes von Papst Innozenz angedeutet wird – dann wird klar, wodurch der Papst schließlich bewogen wurde, den Wünschen der Brüder zu entsprechen. Allerdings gab der Papst beim Abschied der Brüder noch zu bedenken:

„Meine lieben Söhne, euer Leben scheint uns gar hart und rau. Wohl ist eure Glut sehr groß, wir glauben es, und es wäre unrecht daran zu zweifeln; aber wir müssen doch auch an jene denken, die nach euch kommen werden, dass ihnen ein solches Leben nicht zu hart erscheine".

Schon in diesen klugen Worten klingt an, woran sich später die Konflikte um die Struktur des Ordens entzünden würden, die Franziskus große Sorgen und Leid bereiten sollten.

Als Prediger unterwegs

Von nun wanderte Franziskus durch Städte und Dörfer und predigte, aber nicht in „hochklingenden" Worten menschlicher Weisheit (1.Kor 2,4), sondern verkündete *„in der Wahrheit und Kraft des Heiligen Geistes voller Zuversicht das Reich Gottes."* Mit seiner literarisch künstlerischen Begabung fand er einfache Worte und Bilder, womit er die Texte des Evangeliums den Zuhörern nahebrachte. Auch kann man voraussetzen, dass er durch Meditation und Betrachtung der Texte der Hl. Schrift ihre Bedeutung immer tiefer erfasste.

Sein Ruf verbreitete sich, und neugierig geworden, kamen die Leute, um den seltsamen „Heiligen", der aus einem anderen Jahrhundert zu stammen schien, zu sehen und zu hören. Auch erbaten bald Männer aus allen Ständen Rat und Hilfe für ihre seelischen Fragen von den Brüdern, und manche von ihnen blieben auch für immer bei ihnen.

Der tiefste Grund seiner persönlichen Religion war für Franziskus nichts anderes, als eine vollkommene Nachahmung seines Meisters Jesus Christus. Er war ein zweiter Christus, oder besser ein Spiegel Christi. Er war sich wohl bewusst, dass er mit seiner buchstäblichen Nachfolge Jesu etwas Neues, Ungewöhnliches bewirkte, das sich mit den Zielen früherer Orden nicht vergleichen ließ. Nicht hinter Klostermauern wollten er und seine Brüder leben und arbeiten, sondern mitten in der Welt, inmitten der verweltlichen Kirche.

Durch sein Beispiel zeigte er den Armen und Entrechteten, dass ihr Leben in Gott geborgen war und sie im Sinne der Bergpredigt zu Erben des Himmelreiches erwählt waren. Damit goss er Balsam auf die Wunden ihrer Unterdrückung. Die Reicheren unter ihnen erinnerte er an ihre Verpflichtung den Armen und Notleidenden gegenüber, damit auch sie durch die enge Pforte ins Reich Gottes gelangen könnten. (Mt 25,31–46) Durch seine immer wieder bezeugte Ehrfurcht vor dem sakramentalen Amt der Priester und der Kirche gelang es ihm auch, die Unzufriedenen mit den Schwächen unwürdiger Amtsträger zu versöhnen, indem er sie lehrte, den Blick von der Person auf die Bedeutung ihres Amtes zu richten.

Die innere Mission der Kirche, eine Neuevangelisierung – wie wir heute sagen würden – machte er zu seiner höchsten Aufgabe, getreu im Auftrag von Christus in San Damiano. Da er das Christentum volkstümlich machte, durch seine einfache, natürliche und von Liebe getragene Verkündigung, wurde er nach und nach so populär, dass man ihn mit Jubel und Begeisterung allerorten empfing. Als auf sein Gebet hin viele Kranke geheilt wurden, begrüßte man ihn auch als Wundertäter, der wie Christus und die Apostel, durch sein Gebet heilen konnte. Dass ihm seine Berühmtheit schließlich zur Last wurde, und er als Person darunter zu leiden hatte, auch das gehörte zu seinem Auftrag. Besonders unangenehm wurde es gegen Ende seines Lebens, als er und seine Kleidung bewacht werden mussten, um nicht zum Opfer von Reliquiensammlern zu werden.

Da Franziskus schon vor seiner Berufung mit allen Schwachen und Vernachlässigten Mitleid hatte und helfend eingriff, wenn er es vermochte, wird auch seine besondere Beziehung zu den Tieren und der ganzen Schöpfung verständlich.

Auffallend und besonders erwähnenswert war für seine Brüder allerdings die Tatsache, dass die Tiere, die er rettete, ein nahezu „übernatürliches Vertrauen" in ihn setzten. Gleich, ob es ein Fasan war, der nur in seiner Gegenwart Körner fraß, oder ein Hase, den er aus einer Schlinge retten ließ und der immer wieder zu ihm zurück hoppelte, bis er ihn schließlich weit wegbringen ließ, um ihn „auszuwildern", wie wir heute sagen würden.

Zu der bekanntesten und skurrilsten Überlieferung gehört zweifellos seine „Schwalbenpredigt". Angeblich hätte Franziskus den Schwalben gepredigt, weil ihm die Menschen nicht zuhörten. Doch das Gegenteil war der

Fall. Es war eine Schar von Schwalben, die mit ihrem lauten Gezwitscher ihn und die Zuhörer bei einer Predigt störten. Daraufhin gebot er den Vögeln bis zum Schluss der Predigt zu schweigen und zuzuhören. Zum großen Erstaunen der Zuhörer verstummten die Vögel und rührten sich nicht vom Fleck, bis die Predigt zu Ende war.

Abb. 17: Franziskus ermahnt die Vögel

Eine Geschichte, die wegen ihrer Einzigartigkeit immer wieder Maler inspirierte, berichtet über die Zähmung des Wolfes von Gubbio. Dieser Wolf hatte längere Zeit die

Stadt in Atem gehalten, weil er alles Lebendige, das er auf den Straßen traf, angriff und dadurch Angst und Schrecken verbreitete. Wenn man sich dann noch in die Dämonenfurcht zur Zeit des 13.Jh. hineindenkt, kann man sich gut vorstellen, wie dieser einzelgängerische Wolf auf die Leute wirkte. Die Legende berichtet, dass Franziskus furchtlos auf das Tier zuging und ihm gebot, das instinktive Reißen zu lassen und sich mit dem zufrieden zu geben, was ihm von den Einwohnern als Nahrung geboten werde. Wie er es schaffte, den Wolf zu zähmen, ob mit natürlichen oder auch mit übernatürlicher Hilfe, muss offenbleiben. Sicher ist nur, dass der Wolf die Nahrung annahm und noch lange Zeit friedlich unter den Bewohnern umherging.

Die Achtung vor der Schöpfung war ihm ein Anliegen, das sich vom Wurm (Ps 21,7), über das Wasser (Sakrament der Taufe), das er mit großer Sorgfalt verwendete, bis hin zum Feuer erstreckte. Doch war er kein Naturliebhaber im eigentlichen Sinn, sondern betrachtete die Schöpfung immer als sichtbares Zeichen des Wirken Gottes und darüber hinaus als Ehrfurcht gebietendes Symbol des christlichen Glaubens.

Anfänge des Ordenslebens

Am Anfang hatte eine armselige Hütte in der Nähe von Assisi als Unterkunft für die Brüder gedient. Damit sie einander in dem beschränkten Raum nicht störten, schlug Franziskus vor, die Namen der Brüder auf die Balken der Hütte zu schreiben, sodass jeder seinen Platz zum Beten und zum Schlafen hatte. Doch auch diese Hütte mussten sie räumen, als diese eines Tages von einem Bauern und dessen Esel beansprucht wurde. Wie es so seine Art war, wich Franziskus sofort und wanderte mit seinen Brüdern nach St. Maria di Portiuncula, wo sie in der Nähe der Kirche schon früher einen Schuppen bewohnt hatten.

Als Franziskus die Kirche St. Maria di Portiuncula (1211) vom Abt der Benediktiner als Zentrum für den Orden der Minderbrüder, gleichsam als Lehen, übernommen hatte, beschloss er, dass hier zweimal im Jahr eine Zusammenkunft der Brüder stattfinden solle, zu Pfingsten und am Fest des Hl. Michael (29.September).

Bei diesen Versammlungen ging es ihm vor allem darum, dass die Brüder die Regel des Evangeliums mit entschlossenem Willen bewahrten. Drüber hinaus ermahnte er sie, die kirchliche Ordnung für den Gottesdienst mit Ehrfurcht einzuhalten, durch Teilnahme an der Hl. Messe und durch Verehrung der heiligen Eucharistie. Auch den Priestern, denen der heilige Dienst und das Spenden der Sakramente anvertraut war, sollten die Brüder Ehrerbietung bezeigen. Überall, wo sie einem Priester begegneten, sollten sie sich vor ihm verneigen und seine Hand küssen, aus Ehrfurcht vor seiner Gewalt.

Dass der gütige, jederzeit sich demütig verneigende Franziskus über eine natürliche Autorität verfügte, der sich alle beugten, geht allein daraus hervor, dass keiner der Brüder, die zweifellos nicht alle „heiligmäßig" unterwegs waren, bei diesen Versammlungen von weltlichen Dingen zu sprechen wagte. Am Schluss der Versammlung pflegte er alle Brüder zu segnen und gab jedem, der dazu imstande war – gleichviel ob Laie oder Priester – die Erlaubnis zu predigen. Dann zogen sie wieder dahin, nichts bei sich als ihre Stundenbücher, um ihre Tagzeiten zu beten. Wenn es Zeit war, ein Nachtlager zu suchen, erbaten sie dieses vom Priester des Ortes oder bei frommen Menschen. Das machten sie, bis es in einigen Orten Niederlassungen für die Brüder gab.

Franziskus hatte auch gelehrte und hochgebildete Leute unter seinen Brüdern. Und er war der Letzte, der den Dienst der Theologen am Wort Gottes missachtete. Doch erkannte er wie kein anderer die Gefahr, die sich durch reine Gelehrsamkeit für die Predigtarbeit entwickeln könnte.

„Viele sind geneigt, vermeintlich wegen des größeren Nutzens für die Mitmenschen, ihre wahre Berufung, nämlich die reine religiöse Einfalt, Gebet und Innerlichkeit mitsamt der Armut, unserer Herrin, zurückzustellen. Doch wenn sie beim Studium großartiges Verständnis zu gewinnen scheinen, irren sie sich, weil sie in Wirklichkeit auf solche Weise nur innerlich kalt und leer werden. Und wenn sie erfolgreich predigen, dann werden sie sich rühmen und werden aufgeblasen."

Die Gefahr, dass seine Brüder durch das Studium ihre demütige Haltung verlieren könnten, fasste er in dieser Beschreibung sehr plakativ zusammen.

Viel lag Franziskus auch daran, demütig mit den Händen zu arbeiten. Dadurch wollte er von Anfang an vermeiden, dass sie den Ruf bekamen, umherziehend auf Kosten der Menschen zu leben. Ein kluger Rat, der im Sozialgefüge der damaligen Zeit wichtig war und sie schützte. Darüber hinaus bedachte er auch die begrenzte Kapazität der Almosenspender, indem er ausführte: „Ich bin nie ein Räuber gewesen an Almosen; ich habe mir keine geholt und verwendet, die ich nicht nötig hatte. Denn ich wollte nicht andere Arme um ihren Anteil bringen. Anders zu handeln wäre Diebstahl."

Obwohl die Minderbrüder selbst kaum das Nötigste hatten, kamen immer wieder Arme zu ihnen, um ihre

Gutmütigkeit – man könnte sagen – auszunützen. Und über die Art, wie sie die Armen unterstützten, könnte man lächeln, wenn es nicht so bitter ernst wäre. Einmal verschenkten sie das einzige Neue Testament, das sie besaßen, ein anderes Mal den Altarschmuck von St. Maria in Portiunkula. In beiden Fällen war Franziskus die treibende Kraft, weil es Gott mehr gefallen würde, dass der Arme durch den Verkauf des Neuen Testamentes seine bitterste Not stillen konnte, als wenn sie selbst nur darin lesen.

Sehr gut zeigt eine andere Geschichte, wie er mit sich selbst zu Gericht ging, wenn sich sein menschliches Ich unbewusst zu Wort meldete. Als er wieder einmal durch Assisi ging und ihn eine alte arme Frau um eine milde Gabe bat, trennte er sich sofort von seinem Mantel und legte ihn ihr um die Schultern. Unmittelbar danach drehte er sich zu seinen Begleitern um und bekannte ihnen, dass er über seine Tat kurz ein Gefühl der Eitelkeit empfunden habe.

Der Ehrlichkeit und der gelebten Demut, die Franziskus immer wieder zu solchen Bekenntnissen führten, verdanken wir eine Fülle von Anregungen, wie es gehen könnte, wenn wir grundsätzlich den Weg der Nachfolge Christi einschlagen wollten. Dazu noch ein zweites Beispiel. Als einmal Bruder Jakob, der Einfältige, einen Aussätzigen spazieren führte und sich nichts dabei dachte, wurde er von Franziskus zurechtgewiesen, und zwar mit der Begründung, dass er damit Ärgernis bei den Leuten erregen könnte.[29] Weil er ihn aber im Beisein des Kranken gerügt hatte und diesen dadurch kränkte

---

[29] Nach den Statuten der Gemeinden für die Aussätzigenasyle, war auch in Assisi der freie Ausgang der Aussätzigen verboten. Doch war man in der Praxis offenbar milder.

und verletzte, setzte er sich zur Buße mit dem Aussätzigen hin und aß mit ihm aus der gleichen Schüssel.

Ein anderes Mal hatte ihn in Assisi mitten im Winter eine fiebrige Krankheit niedergeworfen. Kaum wiederhergestellt, predigte er in der Kirche San Rufino. Am Ende der Predigt forderte von einem seiner Mitbrüder in heiligem Gehorsam, dass dieser tun solle, was er ihm auftrage. Als dieser zustimmte, zog er seine Kutte aus und befahl, ihm einen Strick um den Hals zu legen und ihn halbnackt auf den Platz zu führen, wo er soeben gepredigt hatte. Gleichzeitig befahl er einem anderen Bruder, ihm vor allem Volk Asche auf den Kopf zu streuen. Allerdings weigerte sich dieser Bruder das zu tun, weil er es nicht über sich brachte. Nun führte ihn Bruder Pietro, selbst weinend, mit dem Strick um den Hals vor das Volk an dieselbe Stelle, wo er vorher gepredigt hatte. Dort ergriff Franziskus das Wort und sprach: „Ihr, wie die Anderen, die nach meinem Beispiel die Welt verlassen haben und in den Orden eingetreten sind, halten mich für einen heiligen Mann. Ich muss aber vor Gott und euch gestehen, dass ich während meiner Krankheit Hühnerfleisch und Fleischbrühe gegessen habe."

Dass eine solche Tat, die selbst in der wenig zimperlichen Gesellschaft des Hochmittelalters ihresgleichen sucht, die Leute zum Nachdenken brachte, liegt auf der Hand. Und da er das Ganze wirklich aus Überzeugung tat, um sich selbst wieder einmal aus der Gefahr des Hochmutes herauszuschälen, macht die Überlieferung auch für uns noch wertvoll.

Arbeitsergebnisse der Kapitel

Alljährlich um Pfingsten und am 29. September, dem Fest des Erzengels Michael, trafen sich die Minderbrüder in Portiunkula. Alle, die sonst schon unter eigenen Provinzialoberen wirkten, strömten hier zusammen. Es waren Tage der Freude und herzlichen Zusammenseins, Tage der Sammlung und Erneuerung im Ordensgeist, den Franziskus durch inspirierende Ansprachen zu beleben verstand. Danach machten sie sich wieder auf, um die Botschaft der Buße und Besserung in fremde Länder zu tragen.

Als sich auch Leute dem Orden anschließen wollten, die aufgrund ihrer Lebensumstände (es waren verheiratete Männer und Frauen) nicht aufgenommen werden konnten, entwickelte Franziskus eine Regel, die sich für eine Laiengemeinschaft, einem sogenannten Dritten Orden, eignete und beim Pfingstkapitel des Jahres 1212 den Brüdern vorgestellt wurde.

Im Jahr 1212 entstand auch der konkrete Plan für einen Zweiten Orden, der von Klara, der ältesten Tochter des adeligen Ritters Favarone di Offreduccio di Bernardino und Ortolana angeregt wurde[30].

---

[30] Fasziniert von seiner Berufung und geistigen Ausstrahlung, besuchte **Klara** (*1193? bis 11. August 1253) Franziskus immer wieder, um mehr über seinen Weg zu erfahren. Schließlich beschloss sie, auf ihre Weise dem Ideal von Franziskus nachzufolgen und verließ ihr Elternhaus. Sie ging nach Portiuncula, wo ihr Franziskus feierlich die Haare abschnitt und sie mit einem groben Bußgewand bekleidete. Danach legte sie in seine Hände die Gelübde der Armut, Keuschheit und des Gehorsams ab. Den erzürnten Familienangehörigen machte sie die Unwiderruflichkeit ihrer Entscheidung durch den Anblick ihrer geschorenen Haare klar, was von der Familie schließlich akzeptiert wurde. Zunächst lebte Klara in einem Kloster von Benediktinerinnen, bis sie von Franziskus nach San Damiano geführt wurde, wo sie die Gemeinschaft der *Pauperes Dominae de S.Damiano*, der *Armen Frauen von San Damiano* gründete.

Abb. 18: Klara von Asissi

Nach dem Herbstkapitel von 1212 versuchte Franziskus selbst nach dem Orient aufzubrechen, doch wurde sein Schiff durch ungünstige Wetterbedingungen an die Küste Slavoniens verschlagen, sodass er zurückkehren musste. Auch blieb die Reise nach Spanien, die ihn nach Marokko führen sollte, erfolglos. Er selbst kam zunächst nicht aus Italien heraus, aber sein Beispiel gab den Anstoß zu einer außerordentlichen Missionstätigkeit der Minderbrüder, die im 13. Jahrhundert einsetzte und sich bis in den fernen Osten ausdehnte und schließlich über die ganze Welt. Neben den Dominikanern waren es vor allem die Brüder seines Ordens, die sich intensiv der Mission widmeten.

Im Zuge des Laterankonzils (1215) traf er möglicherweise mit dem Hl. Dominikus zum ersten Mal zusammen und vielleicht datiert von daher ihre Freundschaft, die sich über Jahre fortsetzte und auf die beiden Orden überging. Als sicher gilt, dass sich beide Ordensgründer im Herbst des Jahres 1220 bei Kardinal Hugo[31] in Rom trafen.

Auf dem Kapitel des Jahres 1217 wurden die Länder das erste Mal in Ordensprovinzen eingeteilt, an deren Spitze ein Provinzialminister gestellt wurde. Neue Missionen wurden ausgesandt: nach dem Orient, nach Deutschland und Ungarn, nach Spanien und Frankreich. Franziskus wollte nach Frankreich aufbrechen, blieb aber, durch Kardinal Hugo überzeugt, nach wie vor in Italien.

Bruder Elias, ein Gefährte der ersten Gründungsjahre, war ab 1217 im Orient unterwegs. Zwei Jahre später, als Scharen nach dem übrigen Europa aufbrachen, machte sich eine Abteilung der Brüder nach Marokko und Tunis auf, wo sie 1220 den Märtyrertod erlitten.

Auch Franziskus wurde Italien zu eng. Er war der Verehrung leid geworden, die man ihm hier entgegenbrachte. Mehr Arbeit, mehr Mühe, mehr Leiden, sogar den Martertod zu erleiden, dahin drängte es ihn. Zweimal war er aufgebrochen und zweimal musste er auf halbem Weg umkehren. Schließlich landete er 1221 mit einigen Getreuen an der ägyptischen Küste.

Dort gelang es dem mutigen Mann bis zum Sultan vorgelassen zu werden, der ihn als willkommenen Gast behandelte und ihm alles zur Verfügung stellte, was ihn erfreuen könnte. Doch sehr bald erkannte der Sultan, dass dieser fremde Mann aus besonderem Holz geschnitzt war. Vielleicht waren auch die Worte des

---

[31] **Ugolino dei Conti di Segni** (Hugo, aus dem Haus der Grafen von Segni, (*um 1167 bis 1241) war Bischof von Ostia und Dekan des Kardinalkollegiums und damit kirchlicher Vorgesetzter der Minderbrüder. Als Papst Gregor IX. vertrat er die Suprematie des Papstes gegenüber Kaiser Friedrich II., reformierte die Kirchengesetzgebung, förderte die Orden der Franziskaner und Dominikaner und bekämpfte Häretiker durch die Inquisition.

Heiligen auf fruchtbaren Boden gefallen. Die konsequente Verweigerung von sinnlichen Genüssen, die das Leben eines reichen und mächtigen Mannes so begehrenswert machen, war zweifellos mit ein Grund, der Franziskus zu einem glaubhaften und überzeugenden Boten des gekreuzigten Gottes machte.

Obwohl er den Worten von Franziskus immer mehr vertraute, entschloss sich der Sultan aus politischen Gründen dem islamischen Glauben verbunden zu bleiben. Doch erzählt die Legende, dass der Sultan sehr viel später in seiner Todesstunde von zwei Minderbrüdern besucht wurde, die ihm die Taufe spendeten, und zwar geschah dies genauso, wie ihm Franziskus beim Abschied versprochen hatte.

Inzwischen hatten sich in der Heimat Entwicklungen angebahnt, die dringend seine Rückkehr erforderten. Während seiner Abwesenheit hatten seine Stellvertreter schärfere Bestimmungen für die Fastenordnung der Brüder erlassen. Dann hatte Bruder Philipp in Rom um einen Schutzbrief für die armen Frauen in San Damiano ersucht, womit er sich klar ins Unrecht setzte, da früher festgelegt worden war, dass sich Ordensmitglieder in keine Rechtshändel einlassen dürfen. Ein dritter Bruder war ausgetreten, um einen neuen Orden für Aussätzige zu gründen.

Das Schlimmste aber – Franziskus erfuhr davon auf der Rückreise von Venedig – war das neu gegründete Studienhaus in Bologna. Im Grunde lag es in der Natur der Sache, dass ein Predigerorden auch über ein Studienhaus verfügte, wo die Grundlagen für eine erfolgreiche Predigtarbeit erarbeitet werden konnten. Franziskus war in diesem Punkt aber völlig anderer Ansicht. Er verachtete die Wissenschaft nicht, aber er fürchtete sie, weil sie mit ein Grund war, dass sich innerhalb der Kirche Strebertum und Hochmut breit gemacht hatten. Die Minderbrüder sollten durch ihre Einfalt und durch die

Torheit des Kreuzes die Weisheit der Welt überwinden. Noch wichtiger war, dass es im Orden von Franziskus um die wörtliche und buchstäbliche Erfüllung des Evangeliums ging. Er wollte es in seiner Reinheit der Welt wiederbringen. Deshalb war die Änderung der Fastenordnung zu einem Problem geworden *„Nehmet, was euch vorgesetzt wird"* (Lk 10,8), so stand zu lesen. Niemand hatte das Recht, etwas gegen dieses Wort der Schrift zu bestimmen, mochte es weiter, mochte es enger sein. Noch weniger durfte man im Punkt der Armut vom Evangelium abgehen. *„Nehmt nichts mit auf den Weg"* (Lk 9,3), so hieß es hier. Dieses Wort hatte er in den Stunden seines Suchens als erlösende Botschaft von Christus angenommen. Dieser Satz wurde zum Leitstern seines Lebens und seiner Regel. Dieser Satz schloss aber jeden Besitz für einen Minderbruder aus. Wenn aber studiert werden sollte, dann müssten nicht nur die Gemeinschaft, sondern auch die Brüder über Bücher verfügen: „Ich will und ich darf und ich kann nicht gegen mein Gewissen und gegen die von uns gelobte Vollkommenheit des heiligen Evangeliums auftreten".

Auf dem Pfingstkapitel 1220, dem so genannten „Mattenkapitel", – damals waren fünftausend Brüder anwesend und ihre Zelte bestanden bloß aus Matten – kam es dann zur direkten Konfrontation zwischen den Brüdern und ihrem Ordensgründer. Da die Stimmung von Franziskus eine unmittelbare Verständigung von vornherein ausschloss, gingen einige gelehrte Brüder zum Bischof von Ostia, um ihn zu bitten, auf Franziskus Einfluss zunehmen, damit er manchmal auch auf den Rat der Brüder höre. Als dieser daraufhin in ihrem Sinn bei Franziskus intervenierte, sagte dieser nichts darauf, sondern nahm ihn an der Hand und führte ihn zur Versammlung der Brüder. Dann ergriff Franziskus das Wort:

„Meine Brüder! Meine Brüder! Der Herr hat mich auf den Weg der Einfalt und Demut gerufen; diesen Weg hat ER mir in Wahrheit gezeigt für alle, die mir glauben und folgen wollen. (...). Der Herr hat mir gesagt, ich solle auf meine Weise ein Tor für diese Welt sein. Er hat uns keinen anderen Weg führen wollen als diesen Weg. Mit eurer Wissenschaft und Weisheit jedoch wird euch Gott zuschanden machen, und ich erwarte zuversichtlich die Vögte und Sendboten des Herrn, durch die er euch züchtigen wird. Einmal werdet ihr dann zu eurer Beschämung, ob ihr wollt oder nicht, zu eurer ersten Berufung zurückkehren."

Das waren Worte, die alle erschreckten und betroffen machten, weil der demütige Franziskus das „Schwert des Geistes" ergriffen hatte im Namen dessen, der ihn und die Brüder aus der Welt – und in geheimnisvoller Weise – für die Welt herausgeholt hatte.

Bei der nächsten Vollversammlung (29. September 1220) entsagte er seinem Amt. „Von jetzt an", erklärt er vor allen Brüdern, „bin ich für euch gestorben. Aber hier habt ihr Petrus Catanii, dem wir alle gehorchen wollen". Dann warf er sich vor ihm nieder und versprach ihm Gehorsam und Ehrerbietung.

Der Verzicht auf seine Stellung fiel ihm sicher nicht schwer: Es war eine Übung der Demut, die er liebte. Dennoch konnten die Gründe zu diesem Schritt nicht ganz aufgeklärt werden. War es seiner angegriffenen Gesundheit geschuldet, der Einsicht, dass organisatorisch begabtere Brüder zur Führung des Ordens nötig seien oder aber auch der Verstimmung darüber, dass im Orden Entwicklungen begannen, die seinen Idealen nicht entsprachen? Wahrscheinlich führte alles zusammen zu dieser Entscheidung.

Welche Befugnisse einem Generalvikar zu Lebzeiten von Franziskus zukamen, kann man aus den vorliegenden Texten nicht wirklich ableiten. Franziskus anerkannte sie als Leiter des Ordens und als persönliche Vorgesetzte, was er durch die Wahl eines Guardian schon früher getan hatte, um sich in Gehorsam zu üben. Doch scheint es sehr unwahrscheinlich, dass er damit die Führung seiner Stiftung aus der Hand gab. Er war es ja, der die Generalvikare weiter berief und die Regelveränderungen der folgenden Jahre vornahm.

Nach der Überlieferung verfasste Franziskus drei Regeln. Die erste, die er Papst Innozenz III. vorlegte und die mündlich bestätigt wurde (2010). Dann eine zweite, die verloren ging und eine dritte, die von Honorius III. mit Bulle bestätigt wurde (1223).

Um die verlorene Regel zu ersetzen zog sich Franziskus nach dem Pfingstkapitel von 1221 in die Einsiedelei Fonte Colombo bei Rieti zurück, wo er länger blieb und die Regel – belehrt durch Christus – überarbeitete. Seine damaligen Begleiter waren Bruder Leo von Assisi und Bruder Bonizio von Bologna. Während dieser Zeit versammelten sich die Provinzialoberen unter der Führung von Bruder Elia und kamen zu Franz in die Einsamkeit. Als dieser die Brüder sah, fragte er: „Was wollen diese Brüder?" Und Bruder Elia antwortete: „Es sind die Provinzialoberen, die auf das Gerücht hin, dass du an einer neuen Regel arbeitest, befürchten, du machest sie zu streng. Sie erklären in aller Form, sie wollen nicht auf diese verpflichtet sein, du mögest sie für dich selber machen, aber nicht für sie."

Abb. 19: Höhle von Franz in der Einsiedelei Fonte Colombo

Eigentlich eine ziemliche Respektlosigkeit, wenn der Wortlaut des letzten Satzes korrekt überliefert wurde. Daraus kann man schon deutlich ersehen, wie sich das Ansehen des Heiligen als Ordensoberer gewandelt hatte und man nur widerstrebend gewillt war, seinen mystisch inspirierten Führungsanspruch anzuerkennen.

Franziskus wandte sich daraufhin mit seinem Gesicht zum Himmel – so wird berichtet – und redete mit Christus. Dann drehte er sich ihnen wieder zu und sprach: „Ich weiß, was die menschliche Schwachheit vermag und wie ich ihr aufhelfen soll. Wer die Regel nicht halten will, soll den Orden verlassen."

Obwohl den Provinzobern klar war, dass die Brüder nach der Regel verpflichtet waren, das Evangelium zu befolgen, ließen sie den Satz, *„Ihr sollt nichts mitnehmen auf eurem Weg"* (Lk 9,3), aus der noch nicht approbierten Regel entfernen. Daraufhin verfügte Franziskus, dass am Beginn und am Ende geschrieben stehe, dass die Brüder gehalten sind, das Evangelium unseres Herrn Jesus Christus fest und unerschütterlich zu beobachten, womit auch der gestrichene Satz seine Gültigkeit behielt.

Franziskus gestaltet die erste Weihnachtskrippe

Wenn wir heute über Weihnachten und seine grotesken Entwicklungen im Umfeld des Festes nachdenken, dann fällt es schwer zu glauben, dass diese besondere Feier der Ereignisse der Heiligen Nacht auf Franziskus zurückgeht. Dennoch ist es so. Allerdings waren die Anfänge des Weihnachtsfestes in ein helles Licht getaucht, wie aus dem folgenden Bericht hervorgeht.

Es war gerade vierzehn Tage vor Weihnachten, als Franziskus mit seinen Brüdern auf der Rückreise von Rom in Greccio Halt machte. Dort kannte er einen verlässlichen und frommen Mann, den er um einen besonderen Dienst bat. „Wenn du es gerne hast, dass wir kommende Weihnachten bei dir in Greccio feiern, so beeile dich und triff Vorbereitungen, die ich dir sage. Ich möchte nämlich die Geburt jenes Kindes anschaulich machen, wie sie einst in Bethlehem geschah. Man soll es gewissermaßen mit Augen sehen, wie es aller Bequemlichkeiten, die sonst die Neugeborenen haben, entbehrte, wie es in die Krippe auf das Heu gelegt ward und Ochs und Esel dabeistanden."

Giovanni (Vellitta), so hieß der Mann, ließ sich nicht lange bitten und bereitete alles vor. Von der Umgebung kamen die Leute mit Fackeln und Kerzen, um das Fest in neuer und ungewöhnlicher Weise zu begehen. Im Licht der Kerzen und Fackeln sang man fromme Lieder, während vor der Krippe eine Heilige Messe gefeiert wurde. Danach legte Franziskus Levitenkleider an, sang als Diakon das Weihnachtsevangelium und lud die anwesenden Leute zu Lobliedern ein. Sein eigener Beitrag war eine Predigt über die Geburt des armen Königs im kleinen Städtchen Bethlehem.

Einem Mann, der dabei war, schien es, als ob das leblose Puppenkind in den Armen von Franziskus lebendig geworden war – ein Eindruck, der symbolisch wiedergibt, was in den Herzen der Anwesenden damals vorging.

Das Erlebnis am Alvernerberg

Auf einer seiner Predigtreise traf Franziskus den reichen und vornehmen Edelmann Orlando di Cattani vom Schloss Chiusi, der mit Franziskus seine seelischen Angelegenheiten besprach. Fasziniert von den Worten des Heiligen, der Art seiner Seelenführung und voll Dankbarkeit, erzählte er am Ende des Gespräches von einem Berg in der Toscana, der völlig abgeschieden lag und sich gut als einsames Refugium für die Brüder eigenen würde. Diesen einsamen Berg wollte er den Minderbrüdern schenken, wenn Franz einverstanden wäre. Glücklich über die Aussicht, sich in völliger Einsamkeit den himmlischen Dingen widmen zu können, nahm Franziskus den Alvernerberg als Geschenk für sich und seine Brüder an. Als sich zwei seiner Brüder aufmachten, um das Refugium zu besichtigen, hatten sie große Mühe, das abgelegene Schloss des Herrn Orlando überhaupt zu finden. Als sie später zum Monte Alverna aufbrachen, gab ihnen Orlando ein bewaffnetes Geleit mit, um sie vor Angriffen wilder Tiere zu schützen. Dort angekommen, fanden die Brüder schließlich eine kleine ebene Fläche, wo sie aus Zweigen einige Zellen errichteten.

Zwei Jahre vor seinem Tod, im August 1224, zog sich Franziskus mit einigen Brüdern auf den Alvernerberg zurück. Der Weg dorthin war mühsam und beschwerlich. Doch als sie bei den einfachen Zellen ankamen, bat sie Franziskus, ihm seine Baumhütte weit entfernt von den Anderen aufzurichten. Dort wollte er in vollkommener Einsamkeit beten. Nur am Morgen sollte ihn Bruder Leo besuchen, mit ihm gemeinsam die Hl. Messe feiern und das Stundengebet verrichten. Eines Morgens, als Bruder Leo über die Brücke, die einen Abgrund überwölbte, zu seinem Vater gelangen wollte, traf er ihn nicht in seiner Zelle an, sondern im Wald, wo er ungewollt zum Zeugen einer himmlischen Vision wurde, die Franziskus gerade erlebte.

Er kniete mit ausgebreiteten Armen im Mondschein am Boden und sprach: „Wer bist Du, gütigster Gott, und wer bin ich, das Würmlein, Dein kleiner Knecht?" Gleichzeitig sah er ein wunderschönes Licht, gleich einer schimmernden Flamme vom Himmel herniederschweben, die schließlich über dem Haupt des Heiligen stehen blieb. Dreimal streckte Franziskus die Hand zur Flamme aus, bevor sie wieder entschwand. Daraufhin zog sich Bruder Leo zurück, um von Franz nicht entdeckt zu werden. Doch dieser hörte das Knacken von Zweigen und gebot dem Eindringling im Namen Christi, stehen zu bleiben. Als nun der Heilige den zum Tode erschrockenen Bruder Leo erkannte, fragte er ihn, „Bruder Lämmlein, weshalb bist du hierhergekommen? Habe ich dir nicht oft gesagt, du sollst mich nicht ausforschen? Sage mir im Gehorsam, hast du etwas gesehen?"

Bruder Leo bat ihn inständig, ihm das Gesehene zu erklären. Darauf erklärte ihm Franziskus die Vision. Er erlebte dabei den tiefen Abgrund zwischen der unendlichen göttlichen Güte und seiner eigenen Niedrigkeit. Die Flamme war Gott, der in solcher Gestalt zu ihm sprach, wie damals zu Mose im Brennenden Dornbusch. Von Franziskus ließ er sich eine dreifache Gabe darbringen: *den kostbaren Gehorsam, die erhabene Armut und die strahlende Keuschheit.* Mit den Bewegungen seiner ausgestreckten Hand habe er Gott diese geistigen Gaben gleichsam angeboten. Zum Abschluss verbot er dem Bruder, ihm weiter nachzuspüren und schickte ihn in mit dem Segen Gottes in seine Zelle zurück.

In dieser Vision erhielt Franziskus eine klare Antwort auf seine Sorgen, die ihn immer wieder bedrängten. Es war eine göttliche Bestätigung für die besondere Art seiner Stiftung. Sie sicherte ihn ab gegenüber der Partei der Provinzialminister, die danach trachteten, seinen Orden im Sinne der alten Mönchsorden umzuformen.

Um das Fest der Kreuzerhöhung desselben Jahres wurde Franziskus mit einer Vision beschenkt, die ihn tief in die Gegenwart seines Erlösers hineinzog und ihm schließlich die Wundmale seiner Kreuzigung einprägte:

> „Darin sah er einen Mann über sich schweben, der hatte gleich einem Seraph sechs Flügel und war mit ausgebreiteten Händen, die Füße aneinandergeschlossen, ans Kreuz geheftet. Zwei Flügel hoben sich über das Haupt hinaus, zwei waren wie zum Fluge ausgespannt, und zwei bedeckten seinen Leib. Als Franziskus das erblickte, wurde er von tiefem Staunen ergriffen; aber er vermochte sich den Sinn der Erscheinung nicht zu deuten. Wohl empfand er eine überaus große Freude und Seligkeit über den gütigen, liebreichen Blick, mit dem ihn der schöne Seraph ansah; aber dass er ans Kreuz geheftet war und bitterlich litt, erschreckte ihn."

Franz überlegte hin und her, wie diese Erscheinung zu deuten wäre. Doch kam er zu keinem Ergebnis. Dann aber geschah Unfassbares. An seinen eigenen Händen und Füßen begannen sich Wunden abzuzeichnen, in denen nagelähnliche Erhöhungen sichtbar wurden, so als wären Hände und Füße mit Nägeln durchbohrt. Seine rechte Seite war wie von einem Lanzenstich durchbohrt und zeigte eine Wunde, woraus immer wieder Blut floss, und Habit und Beinkleider durchtränkte.

Die Wunden, vor allem die an der Brust, versuchte er während des Rests seines Lebens zu verbergen, als sein persönliches Geheimnis, das erst an seinem Totenbett allgemein bekannt wurde.

Abb. 20: Franziskus erhält die Wundmale am Alvernerberg

Doch vorerst musste Franziskus von dem heiligen Berg, wo ihm die tiefste Gotteserfahrung geschenkt worden war, Abschied nehmen. Nur von Bruder Leo begleitet, wollte er nach S. Maria degli Angeli zurückkehren. Den zurückbleibenden Brüdern trug er auf, den Ort besonders heilig zu halten und hier Tag und Nacht zu beten. Auch in Zukunft sollten die Oberen die Besten der Brüder hierherschicken, damit sich diese in der Einsamkeit und Stille des heiligen Berges ganz in Gott versenken könnten.

Danach sprach er: „Lebe wohl, lebe wohl, Bruder Masseo, lebe wohl!" und ebenso verabschiedete er sich von den anderen Brüdern. Dann fügte er hinzu: „Bleibet im

Frieden, liebe Söhne! Lebet wohl! Ich scheide von euch in meiner Person, aber mein Herz lasse ich bei euch. Ich gehe mit Bruder Lämmlein Christi (Leo) nach S. Maria degli Angeli und werde nicht mehr wiederkommen." Dann verabschiedet er sich vom Berg, den hohen Gipfeln, den Felsen und den Tieren, die ihm während der Zeit seines Hierseins ihre Gemeinschaft geschenkt hatten.

Bruder Masseo berichtete über den herzzerreißenden Abschied und über die Trauer und die Wehmut, welche die Brüder erfassten, als sie ihren geliebten Meister so sprechen hörten. Orlando die Cattani stellte ihm ein Saumtier zur Verfügung, um nach Portiunkula zu kommen, weil er mit den schmerzenden Wunden an den Füßen kaum gehen konnte.

Die Dichtung des Sonnengesanges

Nach einer kurzen Ruhepause machte er sich wieder auf, um in der Umgebung zu predigen. Bruder Elias begleitet ihn. Sein Augenleiden, das er aus Ägypten mitgebracht hatte, verschlimmert sich, und er fürchtete blind zu werden. Trotzdem verweigert er die Hilfe der Ärzte, die ihm von Kardinal Hugo angeboten wurde.

Den Sommer 1225 verbrachte er in San Damiano in der Nähe Klaras. Auf seinen Wunsch hin ließ sie ihm in ihrem Gärtchen eine Hütte aus Schilf errichten. Sie umsorgte ihn und versuchte seine Schmerzen zu lindern. Er litt und vertrug während vieler Wochen weder Sonnenlicht noch das Licht von Feuer. Doch eines Tages fühlte er seine Leiden wie einen Berg von sich weggewälzt, und es ging spürbar mit ihm aufwärts. Damals begann er das Lied zu dichten, das bis zum heutigen Tag nicht seinesgleichen findet: den „Sonnengesang".

Als er den „Sonnengesang" das erste Mal den Schwestern in Klaras Konvent vortrug, waren diese zutiefst berührt.

Gern hätte er damals seine Brüder zusammengerufen, um sie als Spielleute Gottes mit dem Lied durch die Welt zu senden.

Zu dieser Zeit beschwor Kardinal Hugo Franziskus abermals, einen Arzt aufzusuchen, und diesmal gab er nach. Der Arzt entschloss sich zu einer Operation, bei der Franziskus von den Schläfen bis zu den Augenbrauen die Nerven ausgebrannt werden sollten. Franziskus fürchtete sich davor und bat: „Bruder Feuer; du bist edel, und ich habe dich immer geliebt um dessentwillen, der dich geschaffen hat. Und nun bitte ich den Schöpfer, er möge deine Hitze kühlen, dass ich es ertragen kann." Und tatsächlich wurde ihm der unerträgliche Schmerz erspart. Die Brüder verließen vor der Operation den Raum und wurden von Franziskus mit einem Lächeln empfangen, als sie wieder zurückkehrten. Auch der Arzt bestätigte die Wahrnehmung des Patienten. Doch die Operation trug kaum zur Besserung seines Augenleidens bei. Er versuchte ab nun mit dem Leiden zu leben, ganz im Sinne seiner Überzeugung, dass „ein Übel, das den Leib befällt, der Seele zugutekomme, wenn man es ergeben trägt."

Manche Tage ging es ihm ein wenig besser. Doch im Frühling erlitt er einen schweren Blutsturz, und man fürchtete um sein Leben. Bruder Elias[32], der nunmehrige Leiter des Ordens, wurde gerufen, und man beschloss, den kranken Vater in den Bischofspalast nach Assisi zu bringen. Da sein Ruhm und seine Verehrung bereits ein Maß erreicht hatte, die seine Person in Gefahr bringen konnte, wurde der Bischofspalast Tag und Nacht bewacht. Eigentlich wurde er wie eine lebendige Reliquie

---

[32] Bruder **Petrus Catanii** war inzwischen verstorben.

behütet, was auch dem Todkranken nicht verborgen blieb. Doch schweigend fügte er sich den Anordnungen, die für ihn getroffen wurden. Leo, Angelo, Rufino und Masseo pflegten ihn, und er war glücklich über ihre Nähe. Als er am Krankenbett von einem Streit zwischen dem Bischof von Assisi und dem Bürgermeister erfuhr, begann er eine neue Strophe für seinen Sonnengesang zu dichten, wo es um die Liebe zwischen den Menschen geht. Dann schickte er zwei seiner Brüder zu den Kontrahenten mit dem Auftrag, ihnen den Sonnengesang vorzutragen. Und tatsächlich wurden beide von dem Text und ihrer Verehrung für den Heiligen so gerührt, dass sie einander verziehen und sich schließlich umarmten. So schenkten sie auch Franziskus eine glückliche Stunde, weil es seinem Lied gelungen war, Frieden zu stiften. Eine tiefe Sorge aber blieb ihm: die Sorge um das Fortbestehen des Ordens. Still und in sich gekehrt verbrachte er seine Tage, während seine Kräfte von Tag zu Tag abnahmen.

Doch wollte Franziskus nicht in einem Palast sterben. Daher bat er seine Brüder, ihn auf einer Bahre nach Portiunkula zu bringen. Auf halben Weg ließ er Halt machen, um sich von Assisi zu verabschieden: „Herr", sagte er leise, „lass diese Stadt immer eine Heimat für Menschen sein, die dich erkennen und deinen herrlichen Namen preisen!"

Heimgekehrt in seine Zelle in Portiunkula kam großer Friede über ihn. Doch litt er in der Nacht vom ersten auf den zweiten Oktober an großen Schmerzen, die ihn nicht schlafen ließen. Am Morgen darauf versammelte er alle Brüder, die bei ihm geblieben waren, um sein Lager. Er ließ sich Brot bringen und in kleine Stücke brechen. Dann reichte er jedem der Brüder ein Stück Brot, in Erinnerung an Jesus, der vor seinem Tod mit den Jüngern das Abendmahl gefeiert hatte. Danach nahm er Abschied von ihnen. Besonders eindrucksvoll waren die Worte des Heiligen an Bruder Bernardo:

> „Bruder Bernardo ist der erste Gefährte, den mir der Herr gegeben hat. Er hat damals all seine Habe unter die Armen verteilt, und wegen vieler anderer Gnadengaben muss ich ihn mehr lieben, als irgendeinen Bruder des ganzen Ordens. Darum ist es mein Wille, dass der jeweilige Generalobere ihn liebe und ehre wie mich selber, und alle Brüder sollen ihn wie meinen Vertreter betrachten."

Am dritten Oktober hatte Franziskus keine Schmerzen mehr. Zum letzten Mal sangen ihm Leo und Angelo sein Lied, das Franziskus um die letzte Strophe ergänzte.

Am Abend seines letzten Erdentages sammelten sich Haubenlerchen auf dem Dach der Zelle, worin der Heilige auf nackter Erde ruhte. Um ihn waren die Brüder versammelt, denen der Heimgehende nochmals segnend die Hand aufs Haupt legte. Nun mussten sie ihm auch seine Kutte nehmen. Dann streuten sie ihm Asche auf Haupt und Leib. Jetzt war der große Sohn der Herrin Armut bereit zu sterben. Sie selbst gab ihm das Totenkleid.

Dann begannen die Brüder zu singen, und Franziskus stimmte mit ein. Doch bald verstummte er, und alle schwiegen ehrfürchtig eine lange Weile. Singend ging der Heilige ins Paradies. Es war Samstag, der 3. Oktober 1226, nach Sonnenuntergang.

Sonnengesang

Höchster, allmächtiger, guter Herr,
dein ist das Lob, die Herrlichkeit und Ehre
und jeglicher Segen.
Dir allein, Höchster, gebühren sie
und kein Mensch ist würdig, dich zu nennen.

Gelobt seist du, mein Herr, mit allen deinen Geschöpfen,
besonders dem Herrn Bruder Sonne,
der uns den Tag schenkt und durch den du uns leuchtest.
Und schön ist er und strahlend in großem Glanz:
von dir, Höchster, ein Sinnbild.

Gelobt seist du, mein Herr,
für Schwester Mond und die Sterne.
Am Himmel hast du sie geformt, klar und kostbar und schön.

Gelobt seist du, mein Herr, für Bruder Wind,
für Luft und Wolken und heiteres und jegliches Wetter,
durch das du deine Geschöpfe am Leben erhältst.

Gelobt seist du, mein Herr, für Schwester Wasser.
Sehr nützlich ist sie und demütig und kostbar und keusch.

Gelobt seist du, mein Herr, für Bruder Feuer,
durch den du die Nacht erhellst.
Und schön ist er und fröhlich und kraftvoll und stark.

Gelobt seist du, mein Herr,
für unsere Schwester Mutter Erde,
die uns erhält und lenkt und vielfältige Früchte hervorbringt,
mit bunten Blumen und Kräutern.

Gelobt seist du, mein Herr, für jene, die verzeihen
um deiner Liebe willen und Krankheit ertragen und Not.
Selig, die ausharren in Frieden,
denn du, Höchster, wirst sie einst krönen.

Gelobt seist du, mein Herr, für unsere Schwester,
den leiblichen Tod;
kein lebender Mensch kann ihm entrinnen.
Wehe jenen, die in tödlicher Sünde sterben.
Selig, die er finden wird in deinem heiligsten Willen,
denn der zweite Tod wird ihnen kein Leid antun.

Abb. 21: Franziskus am Totenbett.

Abschließende Würdigung

Franziskus war ein religiöses Genie von weltgeschichtlicher Bedeutung. Er hat das Evangelium am kindlichsten und reinsten nachgelebt und war der eifrigste Interpret der Bergpredigt. Sein Leben war eine lebendige Illustration der Gedanken Jesu. Doch wollte er nicht allein das

Leben des Herrn nachleben, sondern auch anderen die Frohe Botschaft bringen, durch die er selber verwandelt wurde. Nicht hinter Klostermauern, sondern inmitten der Welt wollte er das apostolische Leben erneuern.

Durch ihn hat das abendländische Christentum wärmere und tiefere Töne gewonnen. Es war im Vergleich zum frühen Mittelalter persönlicher geworden, nahm zu an individueller Kraft. Durch ihn wurde die Botschaft des Evangeliums volkstümlich. Mit seiner einfachen, natürlichen, von inniger Liebe getragenen Verkündigung, war er selbst so populär geworden, dass ihm die Verehrung, die er genoss, immer mehr zu einer Last wurde, die er aber tapfer zu ertragen wusste.

Als äußeres Zeichen der geänderten Frömmigkeit trat in der bildenden Kunst anstatt des triumphierenden Auferstandenen, der am Kreuz sterbende Heiland. So wichtig die Betrachtung des Herrn in seiner Herrlichkeit ist, das Verständnis für den Gottmenschen auf seinem Kreuzweg ist den Menschen näher. Franziskus war es, der dem christlichen Volk seinen Heiland wieder nahebrachte.

Aber er wollte mehr. Als „Ritter Christi" wollte er die ganze Welt für seinen Herrn zurückerobern. Bei seinem Versuch, den Moslems das Evangelium zu bringen, kam er nicht zum Ziel. Doch gab er den Anstoß zu der außerordentlichen Missionstätigkeit, die im 13. Jahrhundert einsetzte und sich bis in den fernen Osten erstreckte. Neben den Dominikanern waren es damals fast ausschließlich seine Brüder, die sich der Heidenmission widmeten, und zwar erfolgreich, wie die Niederlassungen des Ordens auf allen Kontinenten bis heute bezeugen.

Das große Lebensthema war für Franziskus die Armut und ihr hoher geistiger Anspruch, der für die Nachfolge Jesu so entscheidend ist. Im Blick auf den Höchsten, der kam, um der Knecht aller zu werden, verstand er die

Armut als eine königliche Würde und einen hohen Adel, die dem Menschen die direkte Christusnachfolge ermöglicht. Die Botschaft war nicht neu, aber neu war die konkrete Umsetzung durch Franziskus. Armut, die mit freier Zustimmung angenommen wird, macht frei und glücklich, weit mehr als Reichtum, der die Menschen nur zu oft in Fesseln schlägt und ihnen die wahre innere Freude nimmt

Die Frage der Armut blieb innerhalb des Ordens ein umstrittenes Thema, das Franziskus am Ende seines Lebens große Sorgen bereitete. In seiner ausführlichen Regel, die er im Dialog mit Christus erarbeitete, hat er die Armut des Ordens gleichsam „festgeschrieben". In seinem Testament berührte er noch einmal die Punkte, die seinem Ideal geschuldet waren: Treue zur Kirche, evangelische Armut und radikale Buße, Gehorsam und Demut, sowie ein reines keusches Leben. Die Regel, zusammen mit dem Testament, sollte das Leben der Minderbrüder in die Zukunft führen, auch wenn es später – wie zu erwarten war – immer wieder zu Diskussionen und unterschiedlichen Interpretationen kam.

Letztendlich schenkte ihm Gott nicht nur sein geistiges Kreuz, in der Sorge um den Fortbestand seiner Ideale innerhalb seiner Stiftung, sondern auch die konkreten Zeichen SEINES menschlichen Scheiterns am Kreuz: die Wundmale. So wie er immer wieder zunächst alle Worte von Christus konkret und unmittelbar verstanden hatte, so wurde Franziskus gegen Ende seines Lebens wirklich mit den Wunden begnadigt, die er am Alvernerberg als einer der treuesten Jünger seines Herrn empfing.

Thomas von Aquin
(1224/25 bis 1274)

Über Jahr und Tag der Geburt von Thomas von Aquin gibt es keine Dokumente. Mit Sicherheit wissen wir nur, dass er am 7. März 1274 gestorben ist. Darüber sind sich die Biographen einig, nicht jedoch darüber, wie alt Thomas bei seinem Tod war.

Kindheit und Jugend

Thomas wurde als Sohn des Grafen von Aquino geboren. Seine Mutter war Theodora Theatis, eine Adelige aus Neapel und Normannischer Herkunft. Die immer wieder kolportierte Verwandtschaft der Familie mit Kaiser Friedrich II.[33] lässt sich historisch nicht belegen, da eine der Grafen von Accero, die tatsächlich in näherer Beziehung zum Kaiser standen, auf die Signori von Roccasecca umgedeutet wurde.

Fest steht, dass der Vater von Thomas keinen Grafentitel, sondern nur den Titel eines „miles" oder Ritters trug, also dem niederen Adel angehörte. Theodora Theatis war die zweite Frau von Landulf von Roccasecca. Mindestens neun Kinder entstammten dieser Ehe, fünf Töchter und vier Söhne. Thomas war vermutlich der jüngste Sohn der Familie.

Während seiner Kindheit wurde er von einem Kindermädchen betreut, das in den teils legendenhaften, teils realen Ereignissen eine wichtige Rolle spielte. In einer Legende, die den künftigen Heiligen gleichsam „voraus-

---

[33] **Friedrich II.** (1194 bis 1250) aus dem Adelsgeschlecht der Staufer war ab 1198 König von Sizilien, ab 1212 römisch-deutscher König und von 1220 bis zu seinem Tod Kaiser des Römisch Deutschen Reiches. Außerdem führte er ab 1225 den Titel „König von Jerusalem". Von seinen 39 Regierungsjahren als römisch deutscher Herrscher hielt er sich 28 Jahre in Italien auf.

ahnte", wird berichtet, dass der Kleine auf dem Weg ins Bad ein Stück Pergament, das unbeachtet auf dem Boden lag, aufhob und in den Mund steckte. Als ihm das Mädchen das Papier wegnahm, schrie er aufgeregt. Sie überließ es ihm wieder, und er wurde ruhig. Seine Mutter sah das Papier genauer an und las darauf den Schriftzug *Ave Maria*. Zweifellos handelt es sich dabei um ein ganz normales Verhalten: Heben doch Kleinkinder gern unbekannte Dinge auf, stecken sie in den Mund und wollen sie natürlich auch behalten. Doch die „frommen" Verfasser des Heiligenlebens schlugen aus dieser Legende „erbauliches Kapital" und deuteten sie prophetisch.

Ein anderes überliefertes Kindheitserlebnis erscheint dagegen wirklich bedeutsam: Bei einem schweren Gewitter wurde ein Turm des Schlosses Roccasecca von einem Blitz getroffen und eine seiner Schwestern dabei getötet. Er selbst und sein Kindermädchen blieben unverletzt. Dieses Erlebnis prägte sich Thomas so tief ein, dass er sich sein Leben lang vor Gewittern und Sturm fürchtete.

Nach seinem fünften Geburtstag brachten ihn seine Eltern zu der alten Benediktinerabtei von Monte Cassino, um ihn als Oblaten Gott „darzubringen". Hier sollte er gemeinsam mit den Mönchen ihrer Regel gemäß leben und in den elementaren Schulfächern unterrichtet werden. Vermutlich hofften die Eltern, ihren Sohn einst als Abt von Monte Cassino zu sehen – ein durchaus realistischer Plan – der aber von Thomas selbst durchkreuzt werden sollte. Die Schulung in Monte Cassino war im Grunde ein Religionsunterricht, der durch eine elementare Ausbildung in Lesen und Schreiben ergänzt wurde. Zusätzlich lehrte man ihn Latein, die Grammatik der Landessprache und die Grundlagen der musikalischen Harmonielehre.

Im Jahre 1236 starb der Abt, der Thomas aufgenommen hatte und ein entfernter Verwandter der Familie Aquino war. Erst sehr viel später, im Februar 1239 erhielt Monte Cassino einen neuen Abt. Im selben Jahr wurde Friedrich II. vom Papst exkommuniziert, und es begannen schwere Auseinandersetzungen, die auch Monte Cassino nicht verschonten. Im April 1239 wurde das Kloster von kaiserlichen Truppen besetzt und viele der Mönche vertrieben. Da unter diesen Bedingungen ein junger Oblate im Kloster nicht mehr sicher war, holte man Thomas im Frühjahr desselben Jahres nach Hause zurück. Um seine Ausbildung fortzusetzen, kam er ins „Studium Generale" in Neapel, wo die *Freien Künste*[34] und Philosophie unterrichtet wurden.

Das Studium zu Neapel wurde 1224 von Friedrich II. gegründet, um zum päpstlichen Studium zu Bologna ein weltliches Gegenstück zu schaffen. In der Gründungsurkunde betonte Friedrich ausdrücklich, dass es die erste

---

[34] Die Sieben Freien Künste (septem artes liberales) sind ein in der Antike entstandener Kanon von sieben Studienfächern:

Zum **Trivium** gehörten:

1. Grammatik: Lateinische Sprachlehre und ihre Anwendung in den Werken der klassischen Literatur.

2. Rhetorik: Redeteile und Stillehre, ebenfalls mit Beispielen aus den antiken Klassikern

3. Dialektik bzw. Logik: Schlüsse und Beweise auf der Grundlage des Organons (Werkzeug) von Aristoteles.

Zum **Quadrivium** gehörten: *Arithmetik*: Zahlentheorie (Zahlbegriff, Zahlenarten, Zahlenverhältnisse) und z.T. auch praktisches Rechnen *Geometrie*: Euklidische Geometrie, *Geographie*, *Musiktheorie* und *Astronomie* Lehre von den Sphären, den Himmelskörpern, ihren Bewegungen und deren Auswirkungen auf die sublunare Sphäre und den Menschen (Astrologie). Bis in das 18. Jahrhundert bildeten Astrologie und Astronomie ein Gebiet, das beide Bezeichnungen führen konnte.

Aufgabe des Studiums sei, kluge und intelligente Männer für den Staatsdienst heranzubilden.

Der Kurs in den Freien Künsten, den Thomas in Neapel belegte, entsprach dem damaligen mittelalterlichen Modell. Doch befasste er sich nicht nur mit den Themen des Kurses, sondern auch mit der Naturphilosophie des Aristoteles.

Zu einer Zeit, als es Pariser Studenten noch verboten war, die Naturphilosophie und die Metaphysik des Aristoteles zu studieren, las Thomas die *Libri naturales* und höchst wahrscheinlich auch die *Metaphysik*.[35] Dadurch konnte er schon sehr früh mit dem großen Denker der Antike einen geistigen Dialog beginnen, den er während seines ganzen Lebens fortsetzen sollte.

---

[35] Der **Hof von Palermo** war den wissenschaftlichen und philosophischen Werken der griechischen Antike gegenüber sehr offen und förderte deren Übersetzungen ins Lateinische.

Abb. 22: Aristoteles-Büste

Unter den Übersetzern war Michael Scotus der bedeutendste. Er hatte schon 1217 in Toledo Werke von Aristoteles übersetzt sowie einen großen Teil der Kommentare des Averroes. Seine amtliche Stellung in Palermo war die eines Hofastrologen, eine Position, die es ihm erlaubte, akademisch zu arbeiten und für den Kaiser Zusammenfassungen und Kommentare zu den Werken griechischer und arabischer Gelehrter in lateinischer Sprache zu verfassen. Auch andere Gelehrte und Übersetzer befassten sich mit den sogenannten „heidnischen" Schriften. Die aristotelische Metaphysik und Naturlehre, arabische Astronomie und griechische Medizin wurden in Palermo, Salerno und Neapel schon gelehrt, bevor diese Fächer an den nördlichen Universitäten überhaupt wahrgenommen wurden.

Student in Neapel

Im frühmittelalterlichen *Studium* gab es die anerkannte Grundregel, dass jeder Student bei einem besonderen Magister eingetragen werden musste, der nicht nur für die geistige Entwicklung des Jünglings, sondern auch für dessen Lebensweise und sein sittliches Verhalten verantwortlich war. Auch mussten die Magistri unter Eid über das sittliche Verhalten jedes ihres Studenten Zeugnis geben. Vielleicht wird man über diese Regelung schmunzeln; doch gebe ich zu bedenken, dass auch wir einen lasterhaften Akademiker eher verurteilen, als einen, der nicht studiert hat. „Er müsste es besser wissen, er hat ja studiert!" Dieser Satz, der im Zusammenhang mit Straftaten oft zu hören ist, beweist einmal mehr, dass man auch noch heute ein abgeschlossenes Studium als Zeugnis höhere Einsicht bewertet. Dass gegen emotionale Kräfte auch der geschulte Verstand kaum etwas ausrichten kann, das haben große Geister im vorigen Jahrhundert entdeckt. Doch führen diese Überlegungen weit über den Rahmen dieser Arbeit hinaus.

Überliefert sind die Namen von zwei Magistern, die Thomas unterrichteten. Ein Magister Martin vermittelte ihm Grammatik, Logik und Naturwissenschaft; Fächer, die Thomas „schnell hinter sich brachte". Petrus von Irland, der ihm die Naturphilosophie des Aristoteles nahebrachte, war sein zweiter Studienleiter.

Thomas qualifizierte sich in Neapel nicht zum *Magister artium*, obwohl er vermutlich die Voraussetzungen dafür erfüllt hatte, weil ihn zu Ende seines Studiums etwas anderes mehr beschäftigte: Seine Aufnahme in den Dominikanerorden. Wann und wie er mit diesem neuen Orden in Berührung kam, darüber gibt es keinerlei Hinweise. Auch fehlen Belege über seine Motive, die ihn bewogen, in den Orden einzutreten und auch der genaue Zeitpunkt seiner Einkleidung.

In den Händen seiner Brüder

Überliefert wird nur, dass Thomas 1244 im Mai mit dem Ordensgeneral der Dominikaner in Richtung Norden unterwegs war, als ihm in der Nähe von Aquapendente seine Angehörigen auflauerten. Reginald, einer seiner Brüder, der im Lager des Kaisers stationiert war, nahm einige Soldaten als Begleitung mit, trennte Thomas von dem Ordensgeneral, zwang ihn auf ein Pferd zu steigen und schickte ihn unter starker Bewachung zum Familienschloss nach San Giovanni.

Verständlich wird dieses Vorgehen, wenn man bedenkt, dass Landulf von Aquino 1243 gestorben war, und sich Donna Theodora große Sorgen um die Zukunft ihrer Familie machte. Um Thomas zu treffen und die Angelegenheiten der Familie mit ihm zu besprechen, war sie nach Neapel gereist. Da sie ihn dort verfehlte, reiste sie zurück und blieb vermutlich in Roccasecca. Durch einen Boten ließ sie nun ihren anderen Söhnen mitteilen, dass Thomas auf dem Weg nach Norden wäre und sie sich bemühen sollten, ihn aufzuhalten und zu ihr zu bringen.

Vor seine „Überstellung" nach Roccasecca, fällt vermutlich auch das mehrfach kolportierte Ereignis, das von namhaften Forschern als historische Tatsache anerkannt wird.

In San Giovanni, der ersten Station seiner „Festnahme", verfielen die Entführer auf die Idee, Thomas ein aufreizend gekleidetes Mädchen zuzuführen, um auf diese Weise seinen Widerstand zu brechen. Eigentlich ein ziemlich abwegiger Einfall, der nur scheitern konnte, wenn man davon ausgeht, dass sich Thomas schon gegen den Versuch, ihm das Ordensgewand zu entziehen, erfolgreich gewehrt hatte. Entrüstet über das plumpe Vorgehen seiner Brüder, nahm er ein Stück Holz aus dem Kaminfeuer und vertrieb damit das Mädchen aus dem Zimmer. Danach schmetterte er das glühende Scheit gegen die zugeworfene Türe und zeichnete ein Kreuz darauf. Nach dieser Aktion legte er sich nieder und schlief ein. Im Traum trösteten ihn zwei Engel und legten ihm einen Gürtel um. Dieser war so eng, dass er davon aufwachte. Danach – so berichtet Wilhelm von Tocco – wurde Thomas nie mehr von sinnlichen Begierden gequält und konnte die gelobte Jungfräulichkeit sein Leben lang bewahren.

Thomas warf das glühende Scheit gegen die Türe! Damit wird sehr eindringlich demonstriert, dass der junge Adelige durchaus imstande war, leidenschaftlich zu reagieren. Die feine Zurückhaltung und beherrschte Redeweise, die ihn in den Streitgesprächen der späteren Zeiten auszeichnete, war sicher mehr seiner geistigen Disziplin geschuldet, als einer natürlichen Anlage.

Auch wir könnten uns immer wieder bemühen, unsere natürlichen Grenzen durch Selbstdisziplin zu bändigen. Zweifellos würden auch wir uns eines Tages von bestimmten Fehlern und Unvollkommenheiten befreit sehen, wir müssten nur ernsthaft wollen und auch darum bitten.

Abb. 23: Zwei Engel trösten Thomas von Aquin

Offensichtlich wurde Thomas bald darauf nach Roccasecca geleitet, wo Donna Theodora schon auf ihn wartete, um ihn zu umarmen und sich mit ihm zu besprechen. Als sie aber versuchte, Thomas in ihre Familienpläne einzubinden, blieb er bei seinem ursprünglichen Entschluss.

Auch eine seiner Schwestern, Marotta, versuchte ihn zu überreden der Mutter zu gehorchen. Doch geschah das

Gegenteil. Nach mehreren Diskussionen war Marotta selbst bereit, auf die „Freuden der Welt" zu verzichten und Nonne zu werden.

Viel Zeit verbrachte Thomas damals im Gebet und mit dem Studium der Bibel. Auch wird berichtet, dass er in seiner unfreiwilligen Abgeschlossenheit die *Sentenzen* des Petrus Lombardus studierte, die er später als Bakkalaureus in Paris vortragen und kommentieren würde. Der Dominikaner Johannes von San Guiliano, ein Freund aus der Studienzeit in Neapel, besuchte ihn regelmäßig und brachte ihm eines Tages heimlich ein Ordenskleid mit, indem er einen zweiten Habit über seinen eigenen anzog und diesen Thomas überließ.

Als Mutter Theodora einsehen musste, dass Thomas von seinen Plänen nicht abzubringen war, ließ sie ihn gehen. In der Zwischenzeit hatte sich auch politisch einiges geändert. So wurde Friedrich II., der bisher das Schicksal derer von Aquino wesentlich mitbestimmt hatte, am 17. Juli 1245 durch das Konzil von Lyon für abgesetzt erklärt, womit eine deutliche Wende in der Familienpolitik eintrat. Als der passende Zeitpunkt gekommen schien, ließ Theodora den Brüdern in San Domenico sagen, dass Thomas abreisen könne. Wahrscheinlich verließ er Roccasecca in Begleitung des Bruders Johannes von San Guiliano und kehrte nach Neapel zurück, um weitere Anweisungen vom Prior abzuwarten.

Die familiären Ereignisse seiner jungen Jahre bringen ein wenig Farbe in die sonst so skizzenhaften biographischen Überlieferungen. Im Grunde verbirgt sich Thomas hinter seinem Werk, und die wenigen Anekdoten, die seine Person betreffen, haben auch damit zu tun.

Studium in Paris und Köln

Da erst 1248 vom Generalkapitel der Dominikaner die Gründung von vier *Studia generali*[36] angeordnet wurden, nämlich in Bologna, Paris, Köln und Oxford, erscheint es am wahrscheinlichsten, dass Thomas die Jahre zwischen 1245–1248 in Paris verbrachte, wo Albert der Deutsche an der Universität lehrte. Nach den Satzungen des Ordens durfte Thomas an der weltlichen Hochschule in Paris nicht immatrikulieren, weil man ihn dabei dem Einfluss der Magistri des Weltklerus ausgesetzt hätte. Was er wirklich während der drei Jahre gemacht hat, bleibt offen. Sicher ist nur, dass Albert ihn nach Köln mitnahm, um ihn im neu gegründeten „Studium generale" des Ordens ausbilden zu lassen.

Albert war der älteste Sohn eines mächtigen und reichen Herrn von militärischem Rang. Er wurde vermutlich um 1200 geboren und erhielt seine Ausbildung in den Freien Künsten in Padua, einer der führenden Schulen in Norditalien, die für die Förderung der Naturwissenschaften bekannt war. Im Sommer des Jahres 1223 predigte Jordan von Sachsen, der Amtsnachfolger des Ordensgründers Dominikus, vor den jungen Männern der Stadt. Obwohl seine Predigten anfangs nur kühl angehört wurden, baten später zehn junge Männer um Aufnahme in den Orden. Unter ihnen auch zwei deutsche Herren, von denen man einen als Albert von Lauingen identifizierte. Da es in Padua keinen Konvent der Domi-

---

[36] Ursprünglich waren die *studia generalia* oder die *studia* die Bezeichnung für die großen Schulen des Mittelalters, während das Wort *universitas* für die scholastische Ausrichtung eines studium verwendet wurde. Mit dem ausgehenden 13. Jahrhunderts wurde es üblich, einem „Studium generale" erst nach Genehmigung durch Papst, Kaiser oder König das Recht zur Verleihung von akademischen Graden zu erteilen.

nikaner gab, wurde Albert nach Deutschland zurückgeschickt, wo er sein Noviziatsjahr absolvierte und seine theologischen Studien an der Kölner Domschule begann. Anschließend setzte er seine Studien in Paris fort.

Ursprünglich waren die Werke des Aristoteles, bedingt durch die Kommentare des moslemischen Philosophen Averroes, in Ungnade gefallen[37], und für die Studenten der Theologie verboten. Das bedeutete allerdings einen Rückschritt, weil schon Basilius im 5.Jahrhundert die antiken Texte als intellektuelles Übungsfeld für die jungen Studierenden geradezu empfohlen hatte.

Als Albert in „der Stadt der Philosophen" angekommen war, um sich auf die Würde eines Magisters der Theologie vorzubereiten, war dort ein deutlicher Wandel eingetreten. Anfang der vierziger Jahre des dreizehnten Jahrhunderts waren nun auch in Paris die Werke der griechischen, jüdischen und arabischen Denker in Übersetzungen zu bekommen, und bald lehrte und studierte man das aristotelische Gedankengut auch an den Universitäten.

Im Jahre 1245 qualifizierte sich Albert unter Gueric von Saint Quentin zum Magister der Theologie und begann in dieser Funktion auf dem dominikanischen Lehrstuhl „für Ausländer"[38] zu lehren, und zwar bis zum Ende des akademischen Jahres 1248.

Im Sommer desselben Jahres wurde Albert nach Köln geschickt, um das erste „Studium generale" in Deutsch-

---

[37] **Averroës** * 1126 in Córdoba; † 1198 in Marrakesch; auch *Averroes* oder *Averrhoës* oder einfach *Ibn Ruschd* war ein arabischer Philosoph und Arzt. Er war Hofarzt der berberischen Dynastie der Almohaden von Marokko.

[38] Lehrstuhl für jene Dominikaner, die nicht zur französischen Provinz gehörten.

land zu organisieren und zu leiten. Sicher ist, dass Thomas ihn begleitete. Doch dürften sie sich nur oberflächlich gekannt haben, weil. zu viele Geschichten über seine Kölner Jahre kursieren, die vom Interesse und Erstaunen seines Lehrers berichten.

Es mag stimmen oder nicht, dass seine dominikanischen Mitbrüder ihm den Spitznamen eines „stummen Ochsen" *(bovem mutum)* verpassten, wie Tocco berichtete. Wenn nicht, dann ist es gut erfunden, weil darin bekannte Merkmale zusammengefasst sind: sein massiger Körperbau und seine ständige Zurückhaltung, der er seit seiner Jugendzeit treu geblieben war.

Den Jahren im Kölner Konvent verdanken wir auch die Kunde über einige persönliche Züge des jungen Thomas. Aus seinen eigenen Notizen geht hervor, dass Magister Albert in Köln Vorlesungen über *De divinis nominibus* des Pseudo-Dionysius[39] hielt. Da es sich dabei um eine sehr anspruchsvolle Schrift handelt, bot ihm ein Mitbruder für die Durcharbeitung des Textes seine Hilfe an. In aller Demut nahm dieser das Angebot an. Doch kaum hatte der Mitbruder die Erklärung begonnen, als er den Faden für die Beweisführung verlor. Daraufhin fuhr Thomas Schritt für Schritt mit der Beweisführung fort und fügte sogar etliche Dinge hinzu, die „die Meister Albert noch nicht erklärt hatte". Nun bat der Student seinerseits Thomas um Hilfe, die er ihm auch gern gewährte, allerdings mit der Verpflichtung „niemanden davon zu erzählen".

Ein anderes Mal verlor Thomas am Gang vor seiner Tür ein Blatt mit Notizen. Einer der Mitbrüder fand das

---

[39] Unbekannter christlicher Autor des frühen sechsten Jahrhunderts und Kirchenvater. Er benutzt als Pseudonym den Namen **„Dionysius Aeropagita"** (nach Apg. 17,34)

Papier und zeigte es Magister Albert, der von der Intelligenz und der spekulativen Kraft des Schreibers überrascht war. Eben zu dieser Zeit plante Albert eine *Disputatio* über eine in der Vorlesung aufgeworfene schwierige Frage. Um sich den jungen Gelehrten näher anzuschauen, beschloss er, ihn dabei als Bakkalaureus einzusetzen. Es heißt, dass Albert bei dieser Gelegenheit von Thomas' Fähigkeiten so beeindruckt war, dass er sagte: „Wir nennen ihn den stummen Ochsen, aber das Brüllen dieses Ochsen wird durch die ganze Welt hallen". Auch hier ist die Frage nach der historischen Wahrheit des Ausspruchs zweitrangig. Als entscheidender Punkt gilt, dass Albert die Begabung von Thomas erkannte und daraufhin alles tat, um seine Entwicklung zu fördern. So wird vermutet, dass er Thomas mit den Funktionen eines ständigen Bakkalaureus betraute, d.h. dass er bei Disputationen antworten und auch kursorische Schriftlesungen[40] halten musste.

Der Mangel an genauen Daten zu den wichtigen Ereignissen von Thomas' Lebens gilt auch für seine Priesterweihe. In der Bulle zur Heiligsprechung steht nur, dass er nach seiner Profess „derartige Fortschritte in der Wissenschaft und in den Dingen des Geistes machte, dass er zum Priester geweiht wurde, als er noch jung war". Im dreizehnten Jahrhundert war das kanonische Alter für die Priesterweihe 25 Jahre. Demgegenüber stand die Konvention, dass die Bettelorden ihre Mitglieder möglichst früh weihen ließen, aus Gründen, die nicht immer geistlich motiviert waren. Daher kann man annehmen,

---

[40] Ein *cursor* war jemand, der den Text „leichthin durchgeht", das heißt vorliest, schwierige Stellen frei wiedergibt und mehr an der Oberfläche bleibende Glossen (Erklärungen) zum Text macht

dass Thomas 1250 oder 1251 in Köln zum Priester geweiht wurde.

Im Jahre 1252 wandte sich der Ordensgeneral Johannes von Wildeshausen mit der Bitte an Albert, ihm einen Studenten zu empfehlen, den man nach Paris schicken könne, um ihn dort zum Magister zu promovieren. Albert antwortete ihm brieflich und empfahl Thomas, wobei er dessen Tüchtigkeit „im Bereich des Wissens und des Ordenslebens" besonders hervorhob. Das satzungsmäßige Alter für Kleriker, die in Paris über die Sentenzen zu lesen anfingen, betrug allerdings neunundzwanzig Jahre. Da Thomas damals 27 Jahre alt war, zögerte der Ordensgeneral, dieser Empfehlung zu folgen.

Unter normalen Umständen wäre ein päpstlicher Dispens leicht einzuholen gewesen. Doch war um diese Zeit die Lage an der Pariser Universität sehr gespannt, weil die Professoren aus dem Weltklerus gegen die Magistri aus den Bettelorden erbittert Front machten.[41] Daher wollte man nicht Öl ins Feuer gießen und einen *baccalaureus sentiarum* einsetzen, der erst vom Papst dispensiert werden musste. Doch Albert ließ nicht locker und bat Kardinal Hugo von Saint Cher, einen ehemaligen Magister der Pariser Universität, seinen jungen

---

[41] In den ersten Jahren des Ordens wurden die neuen Prediger mit offenen Armen von der Universität Paris empfangen; sie stellten ihnen einen Magister der Theologie aus dem Weltklerus zur Verfügung und besorgten ihnen sogar ein Haus mit Kapelle, das sich zu dem berühmten Konvent Saint Jaques entwickeln sollte. Der erste Streit entstand, als im März 1229 und im April 1231, die Magistri der Universität mit ihren Studenten einfach in eine andere Stadt zogen, um gegen die Bedingungen, die in Paris herrschten, zu protestieren. Da der Orden der Dominikaner vor allem daran interessiert war, dass möglichst viele Magistri der Theologie ihr Studium beendeten, blieben sie in Paris und setzten ihre Arbeit fort, was ihnen natürlich als mangelnde Solidarität ausgelegt werden musste.

Kandidaten zu unterstützen. Daraufhin schrieb Hugo an den Ordensgeneral und drängte ihn, Thomas nach Paris zu schicken: „Auf dringende Bitte des Kardinals Hugo akzeptierte der Magister (Ordensgeneral) ihn (Thomas) als Bakkalaureus im vorerwähnten Studium (in Paris), schrieb ihm und befahl ihm, sich sofort nach Paris zu begeben und sich darauf vorzubereiten, über die Sentenzen zu lesen."

Im Herbst 1252 reiste Thomas nach Paris, um sich im Konvent Saint Jacques auf die Vorlesungen vorzubereiten. Thomas war im Vergleich zu seinen Vorgängern wesentlich schlechter ausgebildet, weil die Mehrzahl von ihnen schon an der Artistenfakultät (philosophischen Fakultät) promoviert und viele Jahre in den verschiedenen Konventen über die Bibel gelesen hatten. Thomas war nur kurze Zeit *cursor biblicus* bei Albert gewesen, und es ist anzunehmen, dass ihm vor der schwierigen Aufgabe, die man ihm übertragen hatte, angst und bang wurde.

Die Sentenzen waren eine systematische Sammlung von Texten der Kirchenväter, die dazu dienten, in die Geheimnisse des Glaubens tiefer einzudringen. Es handelt sich dabei um die christlichen Grundlehren, geordnet nach der Reihenfolge des Glaubensbekenntnisses: Dreifaltigkeit, Schöpfung und Geschöpfe, Christus und die Tugenden und schließlich die Sakramente und die Vier Letzten Dinge. Zu Beginn des zwölften Jahrhunderts gab es viele derartige Sentenzen Sammlungen. Die umfangreichste und erfolgreichste davon erstellte Petrus Lombardus, der Bischof in Paris war. Im Vorwort schrieb er dazu:

„… dass er die Heilige Lehre in dem kleinen Band darbieten wollte, der die Auffassungen der Kirchenväter zusammen mit ihrem Zeugnis umfasst, so dass der Fragende nicht zahlreiche Bände durchsuchen müsse, da die von ihm gewünschte Synthese ohne viel Mühe zu finden sei."[42]

Petrus Lombardus brachte nicht nur lange Texte der Kirchenväter und anderer Autoritäten, sondern stellte auch neue Themen zur Diskussion. Manchmal bot er eine Lösung an, doch oft verzichtete er darauf und überließ es zukünftigen Interpreten darüber nachzudenken.

Aufbauend auf den Schriften seines Lehrers Albert des Großen, entwickelte Thomas sehr bald eine sehr persönliche Art des Vortrags. Bernhard Gui beschreibt sie folgendermaßen:

„Er war ein von Gott so begnadeter Lehrer, dass seine Lehre auf die Studenten einen außerordentlichen Eindruck zu machen begann. Denn alles schien so neu: neue Einteilungen des Stoffes, neue Methoden der Beweisführung, neue Argumente für die Konklusionen; kurzum, niemand, der ihn hörte, konnte bezweifeln, dass sein Geist durch ein neues Licht von Gott erleuchtet wurde."

In seinen Vorlesungen hielt sich Thomas an die normale Verfahrensweise der damaligen Zeit. So las er einen Text aus dem Peter Lombardus vor, der dann durch eine *divisio textus* analysiert wurde; dann erklärte er kursorisch die Bedeutung jedes Punktes, und im Anschluss daran eine aus dem Text entstandene Frage oder eine Reihe von Fragen. Die Grundeinheit der Diskussion war eine *Quaestio,* die man in Artikel einteilte. Bei der Auswahl

---

[42] Dieses Zitat und die folgenden sind entnommen: James A. Weisheipl: Thomas von Aquin, Sein Leben und seine Theologie, Graz, Wien, Köln 1980

der *Quaestiones* wurde nicht nur der wissenschaftliche Rang der Frage berücksichtigt, sondern auch das, was die Studenten besonders interessierte. Thomas ging in seinen Vorlesungen zwar von Peter Lombardus aus, doch ordnete er die Bücher inhaltlich nach dem *Exitus* aller Dinge aus Gott und von dem *Reditus* aller Dinge zu Gott. Dieser doppelte Aspekt vom Hervorgang aller Dinge aus Gott und der Rückkehr aller Dinge zu Gott sollte der Grundrahmen für Thomas bleiben, dem er auch in seiner *Summa theologica* folgte. Das von Thomas ausgearbeitete Skriptum zu den vier Bänden der Sentenzen könnte man in etwa mit einer heutigen Doktorarbeit vergleichen.

Promotion zum Magister

Thomas war sehr beunruhigt und versuchte sich vom Anspruch seiner Promotion zum Magister zu befreien. Da der Gehorsam ihm keinen Ausweg ließ, nahm er wie so oft Zuflucht zum Gebet. Was dann folgte ist eine der populärsten Geschichten über Thomas, die auch gut belegt ist.

So betete er zum Höchsten Lehrer mit den Worten des Psalmisten: „Hilf Herr, denn es gibt keine Ehrlichen mehr, geschwunden ist die Treue bei den Menschenkindern" (Ps 11,1). Unter Tränen bat er um Verständnis und Erleuchtung. Dann schlief er ein und träumte. Es war ihm, als wenn er einen alten Mann mit weißem Haar und mit dem Ordenskleid der Dominikaner bekleidet sähe, der zu ihm kam und sagte: „Bruder Thomas, warum betest du und weinst du?" – „Weil", antwortete Thomas, „man mich dazu zwingt, als Magister zu promovieren, und ich glaube nicht, dass ich dazu fähig bin. Außerdem weiß ich nicht, was für ein Thema ich für meine Antrittsvorlesung nehmen soll".

Darauf antwortete der alte Mann: „Hab keine Angst; Gott wird dir helfen, die Last eines Magisters zu tragen. Und was die Vorlesung betrifft, so nimm den Text: ‚*Du bist's, der die Berge tränkt von seinen Söllern, vom Nass deiner Schauer wird satt die Erde*' (Ps 103,13). Dann entschwand er, und Thomas dankte Gott dafür, dass er ihm so schnell zu Hilfe kam.

Seine feierliche Promotion fand zwischen dem 3. März und dem 17. Juni 1256 statt. Thomas war einunddreißig Jahre alt, als er an der theologischen Fakultät promovierte, nachdem er von dem alten Statut dispensiert wurde, wonach ein Magister mindestens fünfunddreißig Jahre alt sein musste.

Immer wieder musste er dispensiert werden von den klugen Altersvorschriften seiner Zeit. Ein Phänomen, das an die frühvollendeten Künstler[43] erinnert, die schon in ihren Kinder- und Jugendtagen Werke schufen, die uns bis heute mit Staunen und Bewunderung erfüllen. Auch Thomas schuf mit seiner „*Summa theologica*" ein Werk, das in seiner Einzigartigkeit von keinem anderen Theologen eingeholt werden konnte und bis heute gilt. Auch er legte im besten Mannesalter die Feder aus der Hand, als ein „Künstler der Theologie", der wiederholt zum Ausdruck brachte, dass nicht er die Lösung von strittigen Fragen gefunden habe, sondern von IHM erfahren und mitgeteilt bekam.

Seine Antrittsvorlesung hielt er zum Thema „*Rigans montes de superioribus suis; de fructu operum tuorum satiabitur terra*", d.h. dass durch Fügung der göttlichen Vorsehung alle höheren Gaben, sowohl des Geistes wie

---

[43] Bekannte frühvollendete Musiker sind W. A. Mozart (1756-1791) und Schubert (1797-1828). Als bekanntesten unter den Malern könnte man Egon Schiele (1890-1918) nennen.

auch des Körpers, vom Höchsten bis zum Niedrigsten durch Vermittler herabsteigen. So wie die Regenfälle von oben die Berge bewässern und Flüsse bilden, die zum Meer fließen und den Boden fruchtbar machen, so fließt geistliche Weisheit von Gott zum Hörer durch Vermittlung der Lehrer.

Der Ursprung der Gotteslehre ist die göttliche Weisheit, die im Himmel wohnt. Von ihrem Inhalt sind einige Wahrheiten in den Herzen der Menschen angelegt, wenn auch nur unvollkommen; dazu gibt es andere höhere Weisheiten, die nur durch den Erfindungsgeist weiser Menschen erfasst werden, die im logischen Denken geschult sind; und es gibt höchste Wahrheiten, die alle menschliche Vernunft übersteigen. Die letzteren werden durch heilige Lehrer überliefert, die in der Hl. Schrift bewandert sind. Genau wie die Berge hoch über der Erde sind, so sollten die „heiligen" Lehrer irdische Dinge verachtend sich allein nach den himmlischen ausrichten.

In dem Manuskript, das heute in Florenz aufbewahrt wird, geht Thomas auch auf die Hörer ein, auf die Beziehung der Lehrer zu ihren Schülern und auf die geistigen Grenzen der Lehrenden. Zum einen sollte man als Lehrer schonend mit den Schülern umgehen und ihnen nicht alles zumuten und weitergeben, was man selber weiß, zum anderen müssten sich die Lehrenden bewusst bleiben, dass *„Unsere Fähigkeit von Gott stammt!"* (2 Kor 3,5). Und weiter fügt er hinzu: *„Wenn es aber einem von euch an Weisheit fehlt, so bittet Gott, der allen einfach gibt ohne ein hartes Wort, und es wird ihm gegeben werden"* (Jak 1,5) Thomas wusste, wovon er sprach, da er zweifellos sehr viel öfter im Gebet Zuflucht gesucht hat, als seine Leute mitbekommen haben.

Der Anspruch, den Thomas an Lehrer heranträgt, ist ungewöhnlich hoch. Sie sollten nicht nur durch hohes Wissen, sondern auch durch ein ernstes geistliches Leben zum Vorbild werden. Eine uralte Überzeugung, die heute kaum mehr geschätzt wird, aber nichts von ihrer Gültigkeit verloren hat.

So müssten wir uns heute vielleicht fragen, wie wir selbst der Schleuderbewegung unserer modernen Welt entgegenarbeiten könnten. Tanzen wir nicht alle um das goldene Kalb der irdischen Konsumwelt? Sind wir bereit zu verzichten, auch wenn es unsere Gewohnheiten empfindlich stört? Reden wir uns darauf aus, dass Verzichten keinen Sinn macht, wenn es die anderen nicht auch tun? Wenn wir so denken, dann orientieren wir uns am sichtbaren äußeren Erfolg. Doch darum geht es nicht. Es geht allein um die persönliche Disziplin, die ausstrahlt und wirksam wird. Allerdings nicht direkt, sichtbar und greifbar, sondern als unsichtbare Macht. Wenn wir uns heute disziplinieren, dann wollen wir gewöhnlich sofort sehen, was dabei herauskommt, und schon sitzen wir in der Falle unseres Zeitgeistes: „Alles, gleich und um jeden Preis."

Es ist zweifellos ein Kreis von Gewohnheiten, worin wir uns meistens bewegen und denen wir nur selten entrinnen können. Ein Heilmittel wäre Hilfe von innen, vom Grund unserer Seele, den wir allerdings nur durch vertrauensvolles Bitten erreichen können. Auch die Lehrer, die Thomas vor Augen hatte, waren keine Übermenschen. Auch sie waren einsam und ihren Schwächen ausgeliefert. Doch forderte er sie heraus, sich ganz in die Liebe zu versenken, die ihnen Gott anbietet, um Vorbilder zu werden, um zu strahlen und überzeugen zu können. Ob uns das auch gelingen könnte?

Als junger Magister in Paris

Eine umstrittene Frage, die damals die Bettelorden betraf, wurde auch von Thomas erörtert. Nämlich, ob einer, der sich geistiger Arbeit, wie dem Predigen, widmet, auch mit den Händen arbeiten muss.

Thomas schrieb dazu, dass die Handarbeit dreierlei bewirke: Überwindung des Müßigganges, Zügelung der Begehrlichkeit (des Habenwollens) und Erwerb des Lebensunterhaltes. Den beiden ersten Anliegen könnte seiner Auffassung nach durch eine Vielfalt von geistlichen Übungen begegnet werden. Da niemand seinen gesamten Bedarf zum Leben selbst produzieren kann, sondern der Hilfe anderer bedarf, verlangt das Naturgesetz, dass alle Menschen einander helfen und je nach beruflicher oder natürlicher Fähigkeit füreinander sorgen. Daraus folgt, dass diejenigen, die eine geistige Arbeit verrichten, nicht körperlich arbeiten müssen. Von einem Juristen der einem Lehrer verlangt man ja auch nicht, dass er seine eigenen Kleider webe. Ordensleute, die geistige Arbeit verrichten, die dem Gemeinwohl dient, sind daher nicht verpflichtet, mit den Händen zu arbeiten, sondern verdienen es, von der Gesellschaft erhalten zu werden; daher sei Betteln zum Erwerb der Grundversorgung der Mönche legitim, und die Existenz von Bettelorden berechtigt.

An diesem kleinen Beispiel wird deutlich, wie einfach und klar Thomas seine Beweise führte. Diese Art der Beweisführung wird er auch später beibehalten, wenn es um andere und größere Fragen geht.

Am Anfang des akademischen Jahres 1256/57 begann Thomas über die Bibel zu lesen, und zwar als fertiger Magister der Theologie, der den dominikanischen Lehrstuhl für „Ausländer" in Saint Jaques innehatte. Drei

Jahre wirkte Thomas als Lehrer an der Universität Paris, wo er drei Aufgaben zu erfüllen hatte: Über eine geeignete Autorität zu lesen (*legere*), anstehende Fragen zu diskutieren und darüber zu entscheiden (*disputare*), sowie für die akademische Gemeinschaft zu predigen (*predicare*).

Die Grundlage der scholastischen Unterrichtsmethode bildete der Bibeltext. Ein Teil des Textes der *Sacra pagina* wurde im Hörsaal laut vorgelesen. Danach erklärte der Magister den Text Zeile für Zeile und Wort für Wort, und zwar mit Bezug auf andere Texte der Hl. Schrift und der Kirchenväter, sowie auf Beweisgründe der Vernunft. Wenn es dabei zu Widersprüchen kam, war es Aufgabe des Magisters, die unterschiedlichen Ebenen, bzw. Interpretationen zu erläutern, um die Wahrheit einer Aussage zu überprüfen.

Als er in Paris dozierte, hatte er mehrere Sekretäre zur Verfügung, die seine Vorlesungen über das Matthäusevangelium mitschrieben und die Argumente, die in den öffentlichen Disputationen vorgetragen wurden, notierten. Die *Lectura supra Mattheum* ist zweifellos ein Werk, das in seiner ersten Pariser Zeit entstanden ist, weil es dazu eine bemerkenswerte Geschichte gibt.

Eines Tages, so wird erzählt, als Thomas und einige Studenten von einem Besuch der Reliquien in Saint Denis zurückkehrten, waren sie von der Schönheit der vor ihnen ausgebreiteten Stadt tief ergriffen. Als sie sich der Stadt näherten, sagte ein Student zu Thomas: „Siehe Magister, was für eine herrliche Stadt ist Paris, möchtest du nicht Herr über sie sein?" Thomas antwortete: „Was soll ich damit machen?" Darauf der Student: „Du könntest sie dem König verkaufen und das Geld dazu verwenden, um sämtliche Stätten der Dominikanerbrüder zu bauen." – „Ich hätte lieber", erwiderte Thomas, „die Homilien des Chrysostomus über das Matthäusevangelium!" Später hatte er diese Predigten offensichtlich in die Hand bekommen, weil er in seinem Matthäuskommentar nahezu ebenso häufig zitiert wird wie Augustinus. Völlig konzentriert auf sein Studium waren ihm schon damals alle Themen fremd, die sich nicht unmittelbar auf seine Arbeit bezogen; sehr schwer nachvollziehbar für uns, die wir heute von unterschiedlichen Eindrücken fast „erschlagen" werden. Konzentration auf das Wesentliche, auf unsere Lebensaufgabe; das Unnötige beiseitelassen, und den wirklichen Bedürfnissen unserer persönlichen Situation, unserer Familie, unserer Arbeit mit neuer Aufmerksamkeit zu begegnen, wäre das nicht auch für uns ein empfehlenswerter Schritt in die richtige Richtung?

Neben seiner Lehrtätigkeit arbeitete Thomas in seiner ersten Pariser Zeit an seiner *Summa contra gentiles*. Dieses Werk entstand zur Unterstützung der Missionare, die in Spanien und Nordafrika unterwegs waren. Da gelehrte Moslems und Juden die Werke des Aristoteles nach ihrer Sichtweise interpretierten, übernahm Thomas die Aufgabe, gegen bestimmte Irrtümer mit einer Reihe von Gründen zu argumentieren, um vielleicht mit einem davon zu überzeugen.

Gedächtnis und Konzentrationsfähigkeit von Thomas waren (nach den Überlieferungen des Bernhard Gui) enorm. „Was er einmal gelesen und begriffen hat, das hat er nie vergessen!" Von seinen Mitarbeitern wissen wir, dass er drei und manchmal auch vier Sekretären gleichzeitig zu verschiedenen Themen diktierte. Auch wird berichtet, dass er sich beim Diktieren manchmal niedersetzte, aus Müdigkeit einschlief und im Schlaf weitersprach.

Diese Berichte sind zu gut belegt, als dass man sie als unglaubwürdig abtun könnte. Auch werfen sie ein bezeichnendes Licht auf Magister Thomas, der wie kaum ein anderer Kirchenlehrer von Gott in den Dienst genommen wurde – ihn sogar natürliche Schranken überwinden ließ – um sein geistiges Werk zu fördern.

Magister in der Römischen Provinz

Vor seiner Rückkehr nach Italien (1258) wurde Thomas nach Valenciennes berufen, um beim dort tagenden Generalkapitel in einer Sonderkommission mitzuwirken, die sich mit den Studien im Orden befasste.

Die nächsten zehn Jahre seines Lebens verbrachte Thomas lehrend in der römischen Provinz des Ordens. Doch sind die Überlieferungen zu diesen Jahren äußerst dürftig. Dass er bei allen Provinzkapiteln dabei war, kann man mit Sicherheit sagen, aber kaum mehr.

Mit hoher Wahrscheinlichkeit war Thomas zunächst in seinen Heimatkonvent „San Domenico" in Neapel zurückgekehrt, wo er zwar eingekleidet wurde, sich aber nur kurze Zeit aufhielt. Da er hier von den Amtspflichten eines ständigen Lektors befreit war, hatte er Gelegenheit, ein größeres Werk zu verfassen und an seiner *Summa contra gentiles* weiterzuarbeiten. Die Entstehungsgeschichte dieser *Summa* lässt sich ziemlich genau datieren, weil Thomas in seinen Zitaten auf Übersetzungen aristotelischer Texte Bezug nimmt, die erst zu einem bestimmten Zeitpunkt vorlagen. Vollständig fertig gestellt war die *Summa contra gentiles* im Jahr 1264, im letzten Jahr des Pontifikates von Urban IV.

Um Thomas bei seiner wissenschaftlichen Arbeit zu unterstützen, ernannte man Reginald von Piperno zu seinem ständigen Sozius, der ihn als eine Art Sekretär überallhin begleiteten sollte. Er schrieb Diktate, machte Abschriften, diente ihm bei der Hl. Messe, nahm ihm die Beichte ab und war ihm in jeder Weise behilflich.

Abb. 24: Thomas Aquinas

Auf dem Generalkapitel von Neapel (1260) ernannte man Thomas zum Generallektor, womit das Recht verbunden war, bei allen Ordensfragen gemeinsam mit den Provinzialen abzustimmen.

Am 14. September 1261 assignierte[44] das Provinzkapitel zu Orvieto Thomas als Lektor im Konvent zu Orvieto. Zehn Tage vor diesem Kapitel war Urban IV. in Viterbo zum Papst gekrönt worden. Ein Jahr später hatte er seine Residenz in Orvieto eingerichtet, wo er den größten Teil seines Pontifikates zubrachte. Damit wurde diese Stadt zum geistigen Zentrum und zum Mittelpunkt großer Aktivitäten. Gelehrte, Diplomaten, Bischöfe und Missionare aus der ganzen Christenheit kamen an den päpstlichen Hof. Urban IV. war „ein großer Freund und Förderer philosophischer Studien", obwohl er mit Manfred, dem Sohn Friedrichs II., in kriegerische Auseinandersetzungen verwickelt war, die zu seinen Ungunsten ausgingen.

Daher verwundert es nicht, dass sich zwischen ihm und Thomas eine enge Freundschaft entwickelte. Thomas fand auch Verständnis und Unterstützung beim Papst, als er sich um bessere Übersetzungen der Werke von Aristoteles aus dem griechischen Urtext bemühte. Der neue Übersetzer war Wilhelm von Moerbeke, der von sich aus schon Werke des Stagiriten[45] übersetzt hatte und später „*instantiam fratis Thomae*"[46] dessen Natur- und Moralphilosophie ins Lateinische übertrug.

Als assignierter Lektor am Dominikanerkonvent in Orvieto war Thomas mit der Aufgabe betraut, der ganzen Gemeinschaft Vorlesungen über ein Buch der Hl. Schrift

---

[44] **Assignieren**: „Der Provinzial der römischen Provinz soll gut dafür sorgen, dass der Konvent dort, wo die päpstliche Kurie residiert, über geeignete Brüder für die Bedürfnisse der Kurie verfügt, insbesondere was den Prior und den Lektor betrifft."

[45] Aristoteles (384-322 v.Chr.) wurde in Stageira geboren, daher die Bezeichnung Stagirit.

[46] „auf Betreiben des Bruders Thomas"

zu halten. Nach Tolomeo de Lucca hat er das Buch Ijob erläutert.

Bestätigt wird diese Angabe durch eine bedeutende Glosse, die zur selben Zeit entstand. Darin behandelte er das Geheimnis der göttlichen Vorsehung.

Während seines Aufenthaltes in Orvieto und auf Ersuchen von Urban IV. begann Thomas auch eine fortlaufende Glosse.[47] In der mittelalterlichen Bibelexegese entstand die vielgebrauchte *Glossa ordinaria,* die zum Bibeltext einen ausgewählten Fundus von patristischen und mittelalterlichen Erklärungen nicht nur des Wortlauts, sondern auch des allegorischen Sinns enthält. Glossen können je nach verfügbarem Schreibraum ausführlich ausgearbeitet sein, und die Randbreiten und Zeilenzwischenräume können von vorneherein für die Anbringungen eines ausführlichen Glossenapparates angelegt sein. Bei der interpretierenden Glosse besteht dann auch keine klare Abgrenzung mehr zu der ausführlicheren Texterklärung eines Commentum oder Commentarius zu den vier Evangelien zu erarbeiten. Obwohl schon viele Arbeiten dieser Art existierten, schuf Thomas eine außergewöhnliche Zusammenstellung von Texten, die er aus den Werken der ihm bekannten Kirchenväter auswählte. Im fünfzehnten und sechzehnten Jahrhundert war diese *Glosse continua in Mathaeum,*

---

[47] In der mittelalterlichen Bibelexegese entstand die vielgebrauchte *Glossa ordinaria,* die zum Bibeltext einen ausgewählten Fundus von patristischen und mittelalterlichen Erklärungen nicht nur des Wortlauts, sondern auch des allegorischen Sinns enthält. Glossen können je nach verfügbarem Schreibraum ausführlich ausgearbeitet sein, und die Randbreiten und Zeilenzwischenräume können von vorneherein für die Anbringungen eines ausführlichen Glossenapparates angelegt sein. Bei der interpretierenden Glosse besteht dann auch keine klare Abgrenzung mehr zu der ausführlicheren Texterklärung eines Commentum oder Commentarius.

Marcum, Lucam, Johanneum allgemein bekannt, hochgeschätzt und als *Catena aurea* sowohl in handschriftlicher als auch in gedruckter Form weit verbreitet.

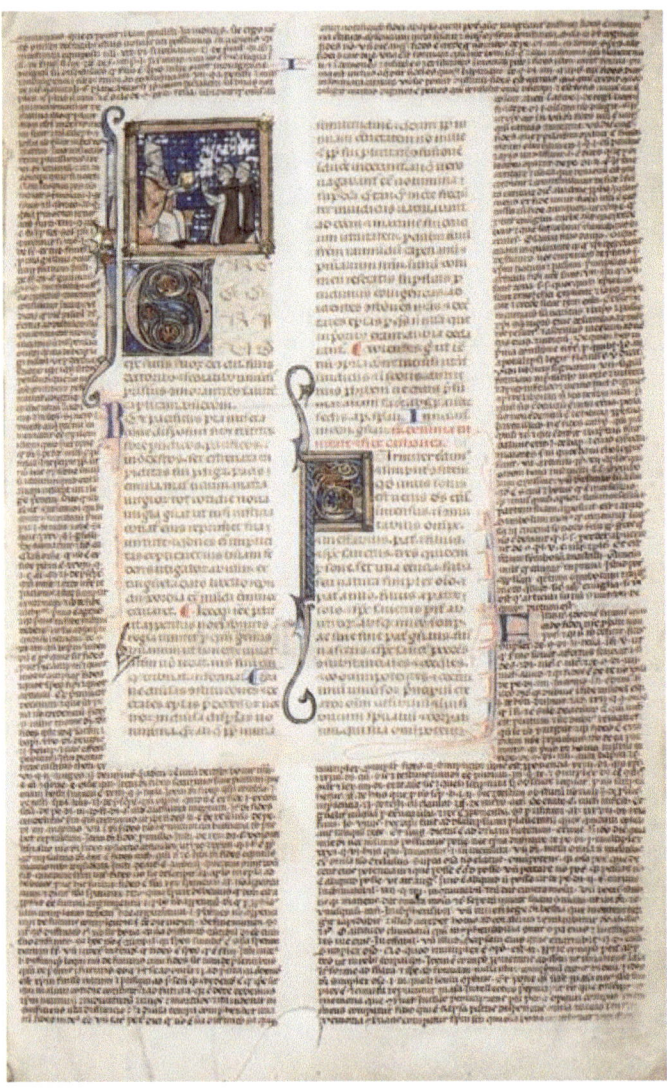

Abb. 25: Glossa ordinario

Als die Glosse im 19.Jh. ins Englische übertragen wurde, fanden sich noch die hymnischen Worte im Vorwort:

„Alle früheren Glossen waren unvollständig und unsystematisch, wobei die eine Stelle ausgedehnt behandelt, eine andere von gleicher oder größerer Schwierigkeit unbeachtet übergangen wurde. Man kann aber unmöglich die Catena des hl. Thomas lesen, ohne durch die meisterhafte und architektonische Geschicklichkeit tief beeindruckt zu werden, mit der sie zusammengefügt ist. Eine Gelehrsamkeit von höchster Art,… eine gründliche Kenntnis des ganzen Bereiches des kirchlichen Altertums … eine Vertrautheit mit dem Stil eines jeden Autors, die es ermöglicht, die Bedeutung eines ganzen Passus in einigen Worten zusammenzufassen, und die Fähigkeit dieses ganze Wissen klar und methodisch zu ordnen, sind Eigenschaften, die diese Catena als eine allgemeine Übersicht patristischer Auslegung vielleicht fast vollkommen macht. Andere Sammlungen zeigen Forschergeist, Fleiß, Gelehrsamkeit; aber diese, obwohl nur eine Sammlung, beweist eine meisterhafte Beherrschung des ganzen Faches der Theologie".

Diese Lobpreisung verwundert nicht, wenn man bedenkt, dass Thomas in Gedanken ständig bei seiner theologischen Arbeit war. Doch verlangte eine solche Arbeit auch unglaublichen Fleiß, musste er doch die Kirchenväter studieren und manchmal mit sehr mangelhaften Übersetzungen der griechischen Väter zurechtkommen.

Die Glossen zu Matthäus schrieb er in knapp einem Jahr und widmete sie Papst Urban. Bald darauf starb der Papst. Doch Thomas vollendete das im Gehorsam begonnene Werk in den folgenden Jahren mit dem Ziel:

„… nicht nur dem buchstäblichen Sinn nachzuforschen, sondern auch den mystischen darzulegen; manchmal sowohl Irrtümer zu beseitigen als auch die katholische Wahrheit zu bestätigen. Dies scheint erforderlich zu sein, denn vom Evangelium her erhalten wir die Norm des katholischen Glaubens und die Regel des ganzen christlichen Lebens."

Nach dem Tod von Urban IV. wurde Thomas vom Ordensgeneral nach Rom (1265) geschickt, um dort ein *Studium* zu eröffnen. Dabei ging es vor allem um die Ausbildung von jungen Dominikanern, die in den Orden eintraten, um ihnen Grundlagen in Philosophie und Theologie zu vermitteln.

Der wichtigste Aspekt des römischen Studiums bildete zweifellos die Einführung in die Methode der *questiones disputatae,* die das Wesen der scholastischen Erziehung ausmachten. Dabei genügte es nicht, die Vorlesungen eines Magisters zu einer bestimmten philosophischen oder theologischen Frage zu hören und zu verstehen, sondern das Erklärte auch kritisch zu untersuchen; d.h. dass schon die jungen Ordensleute in den Grundlagen der scholastischen Argumentation geübt werden sollten.

Obwohl sichere Hinweise fehlen, könnte Thomas seine Vorlesungen an der Schrift *De divinis nominibus* des Pseudo Dionysius ausgerichtet haben, worin die theologischen Grundbegriffe in einer Weise vorgestellt werden, die auch Anfängern verständlich ist.

Im Juli 1267 wurde Thomas als Konventslektor nach Viterbo geschickt, wo damals Papst Klemens IV. mit seinem Hofstaat residierte. Im selben Jahr vollendete er den ersten Teil seiner *Summa theologica* und konnte am päpstlichen Hof mit Wilhelm von Moerbeke, dem Übersetzer des Aristoteles und anderer griechischer Autoren in direktem Kontakt bleiben.

Abb. 26: Außenkanzel an der Kirche S.Maria Nuova in Viterbo, von der Thomas predigte

Sämtliche Biographen berichteten über die gewaltige Kraft seiner Konzentrationsfähigkeit, die ihn gegen alle Ablenkung abschirmte, mit den Jahren zunahm und ihn körperlich nahezu unempfindlich machte. Als Beispiel wird dazu erwähnt, dass er im Jahre 1258, als er an einem Kommentar zu dem Werk des Boethius[48] *De trinitate* schrieb, so in Gedanken vertieft war, dass er die Hitze der Flamme nicht spürte, als die Kerze in seiner Hand heruntergebrannt war. Als er einmal sein Bein ausbrennen lassen musste, versetzte er sich in denselben Zustand des Entrückt Seins, sodass er keine Schmerzen spürte. Auch bewegte er während der Operation sein Bein nicht ein einziges Mal.

Die vielleicht berühmteste Geschichte über ihn hat ebenfalls mit dieser Geistesdisziplin zu tun. Thomas war 1269 zu einem Festessen bei König Ludwig IX. eingeladen. Es war eine Einladung, wozu der scheue Gelehrte vom Provinzial „verdonnert" wurde. Schon die ganze Zeit über war er „seiner Umgebung entrückt", indem er an die Manichäer dachte, deren Argumente er damals überprüfte. Plötzlich, mitten im Essen, „schlug er mit der Faust auf den Tisch und rief aus: ‚Das erledigt die Manichäer!'"

Dann verlangte er nach seinem Sozius, als wenn er noch immer beim Studieren in seine Zelle wäre, und rief aus: „Reginald, steh auf und schreib!". Als der Prior ihn zur Besinnung brachte, entschuldigte sich Thomas beim König, der als feinsinniger Gastgeber rasch einen Sekretär herbeirief und diesem befahl, die Gedanken von Thomas niederzuschreiben.

---

[48] **Boethius** war ein spätantiker römischer Gelehrter, Politiker, neuplatonischer Philosoph und Theologe (*480/485). Seine Tätigkeit fiel in die Zeit der Herrschaft des Ostgotenkönigs Theoderich, unter dem er hohe Ämter bekleidete. Er geriet in den Verdacht, eine gegen die Ostgotenherrschaft gerichtete Verschwörung von Anhängern des oströmischen Kaisers zu begünstigen. Daher wurde er verhaftet, als Hochverräter verurteilt und hingerichtet (524/525).

Abb. 27: Heiliger Ludwig IX

Ähnliche Geschichten werden auch über seine letzten Jahre erzählt. Oft war er ganz in Gedanken oder so ins Gebet versunken, sodass ihm die Tränen kamen, wenn er die Hl. Messe feierte, oder bei der Komplet in der Fastenzeit, als der Chor die Versikel: „Verstoß uns nicht in unseren alten Tagen" sang. Diese Ereignisse verraten die tiefe mystische Beziehung des Heiligen zu seinem Gott, die er in diesen Situationen nicht verbergen konnte.

Vielleicht war es die Begegnung mit dem gefolterten und gekreuzigten Gott, die ihn die tiefe Kluft erahnen ließ, die zwischen der göttlichen Liebe und unserer menschlichen Existenz besteht, sodass er in mystischer Versenkung in Tränen ausbrach. Von ihm selbst gibt es keine konkreten Hinweise auf seine inneren Begegnungen mit IHM – doch werden sie überdeutlich in der Art seines Lebens und der Größe seines Werkes.

Wieder Magister in Paris

In Paris waren die Widerstände des Weltklerus gegen die Bettelmönche erneut aufgeflammt. Die seinerzeit verbotene Schrift von Wilhelm von Saint Amour „*De periculis novissimorum temporum*", die geringfügig erweitert wurde, war Papst Klemens IV. zugespielt worden. Dazu kamen Predigten, worin die Angriffe auf die Bettelorden immer massiver wurden. Und als Papst Klemens IV. im Winter 1268 starb und der Sitz des Papstes drei Jahre vakant blieb – Papst Gregor X. wurde erst im Frühling 1271 in Rom gekrönt – begannen für die Oberen der Bettelorden echte Sorgen. Bonaventura[49], der Generalminister des Franziskanerordens, blieb in der Nähe von Paris, um in der angespannten Situation vor Ort zu sein. Johannes von Vercelli, der Generalminister des Dominikanerordens, war der Meinung, dass der Orden fähige Brüder in Paris haben sollte, um die vorgebrachten Anklagen zu widerlegen. Diese bezogen sich im Wesentlichen auf drei Punkte: den Anspruch der Bettelorden auf einen höheren Stand der Vollkommenheit, ihre anmaßende Seelsorge und die Aufnahme von Knaben in ihre Reihen.

---

[49] siehe Kurzbiographie von **Bonaventura** im Anhang

Zweifellos hatte der Generalminister mit Albert dem Deutschen konferiert und angesichts der schwierigen Lage entschieden, Thomas ein zweites Mal nach Paris zu schicken. Von seiner Berufung nach Paris erfuhr er im November 1268. Also packte er seine Habseligkeiten und seine Bücher und machte sich mit seinem Sozius Reginald und einigen Brüdern zu Fuß auf den Weg nach Paris, wozu sie vermutlich über sechs Wochen brauchten.

Ich glaube, dass unsere Phantasie heute nicht ausreicht, um sich die Strapazen dieser Reise zu Fuß nur annähernd auszumalen. Angefangen von den winterlichen Temperaturen, über die Gefahren, denen sie durch Wegelagerer ausgesetzt waren, bis hin zu den hygienischen Verhältnissen in den Unterkünften, wo das Ungeziefer regierte. Wenn man bedenkt, dass es Thomas war, der Freund von Papst Urban IV., der angesehenste Lehrer innerhalb des Ordens, dem man zutraute, die Schwierigkeiten mit dem weltlichen Klerus in Paris zu bereinigen, dass auch er, ganz im Sinne seines Ordensvaters Dominikus, den weiten Weg zu Fuß zurücklegte. Das heißt mit anderen Worten, dass der neue und revolutionäre Geist des Bettelordens auch seine großen und angesehenen Mitglieder in die Pflicht nahm.

Müde und erschöpft durch die beschwerliche winterliche Reise kamen Thomas und seine Gefährten im Jänner 1269 nach Saint Jaques. Das akademische Jahr war zur Hälfte vorbei, und die Professoren und die Studenten streikten wieder einmal. Obwohl die Vorlesungen an der Universität eingestellt waren, begann Thomas noch im Jänner mit seiner akademischen Arbeit und setzte diese während der drei folgenden Jahre fort. Er hielt Vorlesungen zur Bibel, leitete öffentliche Disputationen und predigte in der akademischen Gemeinschaft.

Gelesen hat er nachweislich über das Johannesevangelium und über Paulusbriefe. Die Kommentare zum Johannesevangelium *(lectura)*, die von Reginald während der Vorlesungen mitgeschrieben und anschließend von Thomas selbst korrigiert wurden, zählen zu den eindrucksvollsten Werken des Gelehrten und Heiligen. Das erkannten auch Zeitgenossen, weil schon während seiner Pariser Zeit Reinschriften des Johanneskommentars im Umlauf waren, die ein reicher Gönner finanzierte.

In Paris entstand auch der zweite Teil der *Summa theologica* und Abschnitte des dritten Teiles. Thomas verfasste auch ausführliche Kommentare zu sämtlichen Hauptwerken des Aristoteles, eine Anzahl bedeutender Traktate über Streitfragen und Briefe zu speziellen Anliegen.

Die zweite Phase des Widerstandes gegen die Bettelmönche von französischer Seite war voll im Gange, als Thomas in Paris ankam. Wilhelm von Saint-Amour hatte seine Streitschrift *Collationes catholica* an den neuen französischen Papst Klemens IV. geschickt, sichtlich in der Hoffnung, dass sich dieser Papst ihren Ansprüchen gegenüber wohlwollend verhalten würde. Sie missbilligten den Eingriff der Bettelmönche in ihre Rechte, insbesondere das Recht zu predigen, Beichte zu hören, sich seelsorgerisch zu betätigen und Geldspenden innerhalb der französischen Diözesen zu sammeln. Vor allem störte sie die unmittelbare Unterstellung der Bettelorden unter die Autorität des Papstes, wodurch sie der örtlichen Hierarchie entzogen blieben. Doch Klemens IV. ging auf ihre Forderungen nicht ein, sondern erneuerte die Ordensprivilegien von Papst Alexander in einer Bulle, die am 28. Februar 1267 veröffentlicht wurde. Doch gab es diesmal keinen Volksauflauf und keine Gewalttaten den Brüdern gegenüber, wie in den Jahren davor. Innerhalb der

Universität wurde der Streit allerdings leidenschaftlich weitergeführt.

Dazu verfasste Thomas in den letzten Monaten des Jahres 1269 eine Apologie der Orden, in der er die Natur und das Wesen der drei Ordensgelübde als Hilfsmittel zur Vollkommenheit erläuterte. Für Thomas bestand Vollkommenheit in der Liebe, in der Liebe zu Gott über alles und in der Liebe zum Nächsten wie zu sich selbst. (Lk 10,27) Dies ist ein Gebot, das jeden Christen bindet.

Allerdings gäbe es drei Lebensbereiche, die es schwermachten, die Vollkommenheit zu erlangen: der Reichtum, die sexuelle Begehrlichkeit und der eigene Wille. Um diesen Schwierigkeiten aus dem Wege zu gehen habe der Herr Armut, Keuschheit und Gehorsam empfohlen, nicht für alle Christen, sondern nur für diejenigen, die sich in öffentlichen und feierlichen Gelübden[50] dazu verpflichten wollten, in einem „geistlichen Stand" nach Vollkommenheit zu streben. Durch die Gelübde festigen Ordensleute ihren Willen, die Gebote treu einzuhalten.

Geschult am aristotelischen Denken, hat Thomas als Wesen, als innersten Kern der Vollkommenheit, die Liebe herausgearbeitet. Die Liebe ist die Basis der Vollkommenheit, unabhängig davon, ob man als Vater und Mutter, als Mönch oder als Weltpriester lebt. Das Leben nach den evangelischen Räten[51] sind bloß Stützen im Streben nach Vollkommenheit, sie garantieren nicht, dass man diese auch erreicht und leben kann. Mit anderen Worten, das klösterliche Leben ist kein Garant und

---

[50] Ein **Gelübde** ist ein Gott gegebenes Versprechen in Bezug auf Dinge, die sich auf seine Verehrung beziehen.

[51] Die **Evangelische Räte** beziehen sich auf ein Leben in Ehelosigkeit, Armut und Gehorsam.

keine Fahrkarte in den Himmel. Auch Klosterleute müssen sehr gut achtgeben, dass sie auf ihrem Weg zur Vollkommenheit, nicht die Richtung verlieren. Auch bei ihnen gilt es den Kern, die Liebe, in ihrer göttlichen und menschlichen Herausforderung zu leben und nicht zu glauben, dass die Erfüllung der evangelischen Räte ausreiche, um sich als etwas Besonderes zu fühlen.

Noch weitere Punkte werden in den Ausführungen „*Contra retrahentes*" zu den Ordensfragen berührt, doch soll hier nur noch ein abschließender Satz zitiert werden, der ein deutliches Licht auf die Argumentationspraxis der Gegenseite wirft:

> „Wenn einer meinen Worten widersprechen will, dann soll er es nicht tun, indem er vor Knaben schwätzt, sondern indem er Schriften verfasst und veröffentlicht, so dass intelligente Menschen beurteilen, was wahr ist, und das, was falsch ist, und mit der Autorität der Wahrheit widerlegen können."

Vielleicht sollte man an dieser Stelle fragen, warum der Weltklerus so vehement gegen die neuen Orden polemisierte, während die frühen Klostergemeinschaften jahrhundertelang nach eben denselben Richtlinien lebten wie die Mitglieder der Bettelorden. Ich denke, dass es vor allem die Predigt – und Seelsorgetätigkeit der Ordensmitglieder war, die der örtlichen Hierarchie gründlich die Laune verdarb. Bis zur Gründung des Predigerordens durch Dominikus, der von Papst Honorius III. (1216) bestätigt wurde, durften nur Bischöfe predigen. Da sie diese Aufgabe nur sehr nachlässig erfüllten, sei es aus persönlichen Unvermögen oder aufgrund ihrer vielfältigen anderen Auf-gaben, wurde die Anwesenheit der Mönche, die durch ihr armes Leben und ihren seelsorgerischen Eifer die Menschen beeindruckten, natürlich zu einer ständigen Herausforderung.

Neben dem geistigen Anspruch der Ordensleute waren es aber auch praktische Gründe, wodurch die Orden der Bettelmönche den französischen Klerus empfindlich trafen. Es kam nicht selten vor, dass ein Sterbender sein ganzes Hab und Gut dem Priester schenkte, der ihm die letzte Beichte abnahm. Beeindruckt von der evangelischen Armut der Bettelmönche, suchten viele Menschen ihren Rat und empfahlen sich ihrem Gebet, oft über ihren Tod hinaus. Das heißt mit anderen Worten, dass auch die Bettelmönche in den Genuss von Tantiemen kamen, die sonst den Weltpriestern zufielen.

Die Auseinandersetzung, die nach wie vor im Bereich der Universität geführt wurde, endete schließlich im Dezember 1271. Bald darauf starben auch die Wortführer des französischen Weltklerus, und Thomas konnte nach Italien zurückkehren. Eine wirkliche Lösung des Streites sollte allerdings noch länger auf sich warten lassen. Eine Teillösung wurde Anfang des vierzehnten Jahrhunderts gefunden, indem Bonifaz VIII. verfügte, dass Ordensleute, die in einer Diözese wirken wollten, eine formelle Genehmigung des Ortsbischofs einholen müssten. Zudem wurden die päpstlichen Privilegien, die sich am Anfang des 13.Jh. bewährten, nach und nach an die geänderte Situation angepasst, bis schließlich ein gedeihliches Miteinander erreicht wurde, das bis heute anhält.
Die zweite geistige Front der Pariser Jahre entstand für Thomas auf der Artistenfakultät der Universität. Siger von Brabant und Boethius von Dacia und noch andere Professoren vergötterten Aristoteles in der Weise, dass sie seine Lehre als die höchste Stufe des philosophischen Denkens betrachteten. Als beste Kommentare zu seinen Werken galten damals jene von Averroes. Allerdings kam es im lateinischen Averroismus bei einer Reihe von

Schlussfolgerungen zu Widersprüchen im Hinblick auf wesentliche Glaubenswahrheiten.

Sein ganzes Leben lang bestand Thomas darauf, dass ein gegen den Glauben vorgebrachtes Argument ein Trugschluss sei, der in sich einen philosophischen Irrtum enthält. Für Thomas und die anderen Autoritäten des dreizehnten Jahrhunderts war evident, dass zwischen Glauben und Vernunft kein Widerspruch entstehen könne, weil beide von Gott herkommen und Gott sich selber nicht widersprechen kann. Nun brachten die lateinischen Averroisten aus den Schriften des Aristoteles Argumente herbei, die unter anderem die Ewigkeit des Weltalls, die Einheit des menschlichen Intellekts, die Verneinung der persönlichen Unsterblichkeit, die Leugnung der menschlichen Verantwortung für die persönliche Entscheidung und anderes mehr, belegen würden. Es würde hier zu weit führen, auf die einzelnen Punkte näher einzugehen. Wesentlich ist nur, dass Thomas zu allen strittigen Fragen mit Hilfe des aristotelischen „Handwerkszeugs" zu Schlussfolgerungen kam, die nicht im Widerspruch zum Glauben standen. Obwohl Thomas seine Beweisführung klar und folgerichtig entwickelte, blieben die meisten Kontrahenten bei ihren früheren Ansichten, zum einen, weil man nicht gern aufgibt, was man einmal gewonnen hat und zum anderen, weil man eine Niederlage nicht gern zugibt.

Die Abhandlung *De unitates intellectus* war zwar brillant, kam aber leider zu spät. Siger von Brabant ließ sich nicht überzeugen. Doch vielleicht hat *De unitate* einige Studenten der Artistenfakultät davor bewahrt Averroisten zu werden. Im Übrigen waren die irrigen Lehrmeinungen dieser Philosophengruppe schon Jahre zuvor von Albert korrigiert worden. Auch Thomas hatte schon Jahre früher die Frage nach der Ewigkeit des Weltalls untersucht. Doch die Texte, die naturgemäß im Rahmen der theologischen Fakultät herausgegeben wurden, blieben auf der Artistenfakultät unwirksam, weil sie offenbar auch Siger nicht gelesen hatte, obwohl er die beiden führenden Männer in Fragen der Philosophie, Albert und Thomas, eigentlich hätte kennen müssen.

Da man von jungen Studenten nicht erwarten konnte, dass sie den Urtext des antiken Philosophen tatsächlich lesen und unmittelbar verstehen könnten, und keine anderen Kommentare zur Verfügung standen, nahm Thomas die Arbeit auf sich, den jungen und späteren Magistri der Freien Künste ein Lehrbuch zur aristotelischen Philosophie in die Hand zu geben. Den Großteil seiner Kommentare zu den Werken des antiken Philosophen schrieb er 1268–1273, also zur selben Zeit, als er am dritten Teil seiner *„Summa"* arbeitete. Thomas erläuterte sowohl die Worte, wie auch die Intention von Aristoteles. Wo der Text unklar war, verließ er sich auf parallele Stellen, um die Absicht des Autors zu erschließen. Da er die Deutungen des Averroes genau im Gedächtnis behalten hatte, fügte er diese dazu, um sie zu berichtigen. Diese Arbeit spiegelt überdeutlich die Liebe wider, die Thomas seinen jungen Studenten entgegenbrachte. Für sie, die Jungen, wollte er schreiben, sie retten vor den geistigen Irrwegen, und er setzte dafür ein: seine Zeit, seine Kraft, seine Gesundheit.

Zweifellos hätte die konzentrierte Arbeit an seiner *Summa*, seine Lehrtätigkeit und sein Predigtdienst genügt, um seine körperlichen Kräfte bis zum Äußersten anzuspannen, doch fühlte er sich verpflichtet, Aristoteles den Studenten nahezubringen, ohne dabei in Irrtümer zu verfallen. Und das Ergebnis seiner Mühe war lohnend, weil die Magistri der Freien Künste bis ins sechzehnte Jahrhundert ihre Vorlesungen auf seinen Kommentaren aufbauten.

Der arbeitsintensive Kampf gegen Irrlehren und unsaubere philosophische Beweisführung wurde auch in den eigenen Reihen nicht immer begrüßt, sondern führte zu Irritationen, die man durch einen Rückzug in die „mystische Theologie" zu begegnen versuchte.[52] Da man aber als junger Ordensbruder nicht umhin konnte, sich mit den neu entdeckten Quellen der antiken Philosophie auseinanderzusetzen, musste man schon eine scharfe Wendung vollziehen, um alle neugewonnen Erkenntnisse abzulehnen. Als Gruppe nahmen die franziskanischen Magistri eine Tradition der Orthodoxie für sich in Anspruch, die der wirklichen oder auch nur vermeintlichen Autorität von Augustinus treu blieb. Sprecher dieser Gruppe war John Pecham, ein junger brillanter Franziskaner. Während Bonaventura und Thomas einander hochschätzten, auch wenn sie nicht dieselben Auffassungen teilten, befanden sich John Pecham und Thomas in offenem Widerspruch.

Als zur Frage, ob Gott als Schöpfer und das Weltall von Ewigkeit her gleichzeitig existiert haben können und wieder einmal Augustinus bemüht wurde, studierte Thomas die Werke des antiken Kirchenlehrers im Hinblick auf diese offene Frage. Das Ergebnis war klar und eindeutig: Augustinus hatte nie einen Widerspruch zwischen einem ewigen Schöpfer und einer ewigen Wirkung

---

[52] Neben den fast „erzwungenen" Auseinandersetzungen mit den Glaubensinhalten, die kirchliche Stellungnahmen herausforderten, gab es immer eine Form der Interpretation, die sich mit der Anwendung der biblischen Weisungen auf das tägliche Leben befasste. Diese Lehrweise wurde später als die „mystische" definiert, die bis heute gilt, wenn die Zuhörer von den Worten einer guten Predigt ergriffen und zum Nachdenken geführt werden.

gesehen, wie John Pecham behauptet hatte. Daraufhin setzte sich Thomas hin und diktierte das kleine Werk: *De aeternitate mundi*, wo er auf alle von John Pecham vorgebrachten Argumente einging und in guter scholastischer Lehrweise alle Für und Wider sorgfältig abwog.

Bei gutwilliger Beurteilung des Disputs könnte man annehmen, dass John Pecham als begeisterter Franziskaner philosophische und theologische Studien ablehnte, weil sein Gründervater diese nur erlaubte, „wenn das Studium den Geist des heiligen Gebetes und der Frömmigkeit nicht erlöschen lässt, wie das in der Regel enthalten ist".

Wenn man allerdings den Brief desselben Mannes liest, den er viele Jahre später, als Erzbischof schrieb, dann wird deutlich, dass sich auch andere Interessen in seine Position einschlichen:

„Ich missbillige keineswegs philosophische Studien, sofern sie den theologischen Mysterien dienen; wohl aber missbillige ich respektlose Neuerungen in der Sprache, die in den letzten Jahren in die innerste Tiefe der Theologie gegen die philosophische Wahrheit eingeführt worden sind, und zwar zum Nachteil der Patres, deren Standpunkte geringgeschätzt und öffentlich verachtet werden. Welche Lehre ist denn gesünder, die Lehre der Söhne des Hl. Franziskus ... oder jene sehr neue und nahezu entgegengesetzte, die die ganze Welt mit Wortstreitereien füllt und das schwächt und zerstört, was Augustinus lehrt bezüglich der ewigen Regeln und des unveränderlichen Lichts, der Vermögen der Seele, der in der Materie enthaltenen keimhaften Wesensgründe und unzählige Fragen dergleichen Art."

John Pecham setzt hier den Streit um die Lehre mit dem Unterschied zwischen den beiden Orden nahezu gleich, was aber angesichts der verschiedenen Aufgaben und ihres Selbstverständnisses eine grobe Verkürzung bedeutet. Was wollte John Pecham wirklich? Verstand er überhaupt oder wollte er verstehen, worum es Thomas wirklich ging?

Dass geistige Trägheit auch schon im 13. Jh. verbreitet war und auch Dominikanerkonvente nicht verschonte, lässt sich unschwer nachweisen, wenn Thomas immer wieder zu theologischen Streitfragen Stellung beziehen musste, die er schon längst beantwortet hatte.

So wurde ihm während seines zweiten Aufenthaltes in Paris vom Ordensgeneral eine Liste von dreiundvierzig Lehrmeinungen zugeschickt, die er kommentieren sollte. Die Meinungen stammten aus dem Dominikanerstudium in Venedig und hatten mit den Auseinandersetzungen in Paris nichts zu tun. Zu einem früheren Zeitpunkt hatte Thomas schon auf alle diese Fragen geantwortet, die ihm vom Lektor in Venedig zugeschickt wurden. Doch war es vergebliche Mühe, weil man die Fragen daraufhin an den Ordensgeneral weiterleitete, der sich wieder an Albert, Thomas und Kilwardby, einen weiteren Theologen des Ordens, um Stellungnahme wandte. Albert reagierte auf diese Wichtigtuerei gereizt und verärgert, weil er viele der Fragen in seinen philosophischen Schriften bereits erörtert hatte, Kilwardby antwortete weitschweifig und gewichtig, während Thomas kurz und sachlich blieb. Seine Geduld und seine Selbstdisziplin blieben wieder einmal siegreich, obwohl aus Alberts Reaktion sehr klar hervorgeht, was von dieser Anfrage grundsätzlich zu halten war.

Abschied von Paris

Als sich der offene Streit um die Ordensprofessoren in Paris gelegt hatte, wurde Thomas vom Ordensgeneral nach Italien zurückberufen. Leicht wurde ihm der Abschied wohl nicht, weil er auf der Artistenfakultät viele Freunde zurücklassen musste, die ihm für seine philosophischen Arbeiten überaus dankbar waren. Ob die Studenten der Freien Künste das „Wesentliche" der Kommentare von Thomas wirklich verstanden, sei dahingestellt. Doch liebten die jungen Akademiker ihren Lehrer und hatten zweifellos viel dazu beigetragen, Angriffe auf seine Lehre abzuschwächen und zu unterdrücken. In einem offiziellen Brief an das Generalkapitel, das zu dieser Zeit in Florenz tagte, baten sie um Thomas, dass er um ihretwillen nach Paris zurückkehren dürfe, doch vergeblich.

Nach Ostern, am 24. April 1272 verließen Thomas und Reginald von Piperno Paris und traten die lange Reise nach Italien an, wo sie zum Pfingstkapitel in Florenz ankamen. Und hier wurde unter anderem beschlossen, zwei neue *Studia generalia* zu gründen: eines in Spanien und eines in der römischen Provinz. Letzteres sollte Bruder Thomas von Aquin anvertraut werden, dem bei der Wahl des Standorts, der Personen und der Zahl der Studenten völlig freie Hand gelassen wurde. Die Entscheidung fiel auf Neapel, wo König Karl I. regierte und dem Orden jegliche Unterstützung gewähren wollte, um u.a. auch die von Friedrich II. gegründete Universität neu zu beleben.

Unterwegs nach Neapel scheint Thomas in Rom seine Reise unterbrochen zu haben, um seine Schwester Theodora zu besuchen. Als die Brüder ihre Reise fortsetzten, wurden sie von dem jungen Ordensbruder Tolomeo von Lucca begleitet, der später einer von Thomas' Studenten werden sollte. Ein weiterer Besuch galt Kardinal d'Annibaldi, der auf seinem Schloss in Molara lebte. Während dieses Besuches erkrankten Thomas und Reginald am „Tertianfieber" (Wechselfieber), das Thomas bald überwunden hatte, während Reginald immer schwächer wurde. Tolomeo, als Chronist dieser Reise, schrieb später:

„... daraufhin nahm Thomas einige Reliquien der seligen Agnes, die er aus Verehrung aus Rom mitgenommen hatte und bat Reginald, sie auf sich zu legen und volles Vertrauen zu haben. Reginald tat es und wurde geheilt, obwohl die Ärzte alle Hoffnung aufgegeben hatten."

Dieses Wunder fügt sich nahtlos in die Berufungsgeschichte von Thomas. Die unterstützende Arbeit von Reginald war zu wichtig, um seinen Meister allein zu lassen. Noch war sein Auftrag nicht ganz erfüllt. Noch durfte er den Kampfplatz nicht verlassen und musste weiter dienen, gemeinsam mit Thomas.

Den Konvent von San Domenica zu Neapel erreichten die Reisenden vermutlich Anfang September. Bald darauf musste sich Thomas mit familiären Angelegenheiten befassen. Von seinem Schwager, Graf von Traetto, zum Testamentsvollstrecker ernannt, sollte er dessen finanzielle Angelegenheiten ordnen. Im Zuge der Abwicklung des Ganzen musste Thomas auch einmal beim König vorsprechen. Es war die erste direkte Begegnung mit ihm, und wobei er „von Magister Thomas so sehr beeindruckt wurde, dass er diesen fortan als treuen Freund betrachtete."

Magister in Neapel

Im Oktober 1272 befahl der König dem Prior von Neapel eine Unze Gold zu bezahlen, und zwar für jeden Monat, den Thomas „um die Lehrtätigkeit willen in Neapel" verbrachte. Damit scheint erwiesen, dass Thomas auch als offizieller Lehrer der Theologie an der von Friedrich II. gegründeten Universität in Neapel eingesetzt war. Ähnlich wie in Paris, wo Thomas im Konvent Saint Jaques seine Vorlesungen hielt, die aber allen Studenten der Universität zugänglich waren, las er im Konvent von San

Domenico als fungierender Magister, sowohl des *Studiums provinciale* als auch der Universität von Neapel.

Thomas war siebenundvierzig Jahre alt, als er anfing, in Neapel zu lehren. Noch war er bei bester Gesundheit. Neben seiner Lehrtätigkeit arbeitete Thomas am dritten Teil seiner *Summa*: Über die Menschwerdung Christi, über die Sakramente, insbesondere die Eucharistie, die als Denkmal seines Genies die Zeiten überdauerte.

Trotzdem vertiefte sich Thomas während dieser arbeitsintensiven Zeit immer mehr in seine Gedanken und ins beschauliche Gebet. Bei vielen Gelegenheiten wirkte er geistig abwesend, vor allem bei der Hl. Messe und beim Breviergebet. Als er einmal eine öffentliche Messe zelebrierte und mehrere vornehme Herren aus der Stadt dabei waren, stand er lange Zeit wie entrückt da, „das Gesicht mit Tränen überlaufen" bis ihn einer der Mitbrüder am Arm schüttelte und ihn bat, mit der heiligen Messe fortzufahren. Als er später von einigen Leuten über den Vorfall befragt wurde, ging er über die Sache als bedeutungslos hinweg.

Durch das innere Gebet, das von allen Heiligen geübt und in den Gebetsschulen vieler Klöster auch heute gelehrt wird, entwickelt sich die Beziehung zu Gott immer klarer. Sie wird intensiver und dichter. So konnte es geschehen, dass Thomas durch das Wirken der Gnade Gottes ganz in sein Inneres versenkt und dadurch von der Wahrnehmung der normalen Realität abgeschirmt wurde. Diese Erfahrung war sehr hilfreich, wenn er schwierige theologische Fragen zu lösen hatte, doch gleichzeitig belastend, weil sie dem Gelehrten zu einer Popularität verhalf, die zu seinem Wunsch nach einem unauffälligen Wirken in krassem Widerspruch stand.

Unter anderem wird berichtet, dass der Kardinallegat Thomas kennenlernen wollte. Der Erzbischof von Capua sollte das Treffen vermitteln. Beide Herren kamen zum Konvent, und Thomas wurde von seinen Studien weggerufen. Daraufhin ließen sie ihn zwischen sich Platz nehmen. Er aber war mit seinen Gedanken meilenweit weg und sprach kaum ein Wort. Nach langem Schweigen, strahlte plötzlich sein Gesicht und er rief: „Ah, jetzt habe ich es!" Mittlerweile ärgerte sich der Kardinallegat und wurde ungehalten darüber, dass „dieser Ordensbruder ihm und dem Erzbischof keine Spur von Ehrerbietung zeigte; und er begann ihn zu verachten." Aber der Erzbischof sagte zu ihm: „Eminenz, seien Sie nicht überrascht, er ist oft mit seinem Geist dermaßen zerstreut, dass man ihn nicht zum Sprechen bringen kann, ganz gleich, in welcher Gesellschaft er sich befindet." Daraufhin packte er Thomas an seinem Mantel und zog heftig daran. Thomas kam zu sich und bat den Kardinal um Verzeihung, indem er sagte: „Exzellenz, bitte entschuldigen Sie mich; ich dachte, ich wäre noch auf meiner Zelle."

Bruder Dominikus von Caserta, der Sakristan von San Domenico, bestätigte, dass Thomas auch bei anderen Gelegenheiten in die übernatürliche Welt hineingezogen wurde. Eines Nachts versteckte sich der besagte Bruder, um ihn beim Beten zu beobachten. Er sah „Thomas fast zwei Ellen in der Luft" emporgehoben und hörte, wie er laut betete und weinte. Dann wurde er Zeuge, wie Thomas mit dem Kruzifix an der Wand der Kapelle sprach. Die Gestalt am Kreuz sagte: „Thomas du hast gut über mich geschrieben. Was für einen Lohn willst du haben?" Darauf antwortete dieser: „Herr, keinen anderen als Dich selbst!"

Mit dieser Episode schließt sich der Kreis. Damit erwies sich der Geistesmann Thomas als ein Mystiker reinsten

Wesens, was er sein Leben lang fast ängstlich zu verbergen suchte. Elevationen, direkte Gespräche mit dem auferstandenen Christus sind wohlbekannte Zeugnisse für die besondere Beziehung eines erwählten Menschen zu Gott. Auch der Inhalt des Gespräches wird sich wiederholen, und zwar bei allen, die berufen sind „an der Brust des Herrn zu ruhen" (nach Joh 13, 23).

Die Frage, wie und wodurch das geschehen konnte, wird obsolet, angesichts der frei wirkenden Gnade, die sich um Auffassungen und Ansichten der Weltleute nicht kümmert. In ständiger Verbindung mit dem Heiligen Geist verfasste Thomas seine Werke. In nie erlahmender Bereitschaft setzte er alle seine Kräfte für die Wahrheit ein, auch dann, wenn die Adressaten nichts hören oder wissen wollten. Diese liebende Bereitschaft und demütige Gelassenheit war vor allem sein Verdienst. Die strukturbildende Kraft seines Geistes enthält zweifellos einen großen Anteil an Gnade – wie auch nicht – wenn wir dem Wort des Apostel Paulus glauben wollen, der schreibt: *Was ist es, das wir nicht von ihm erhalten haben? (*nach 2.Kor 3,4*)*

Es scheint, dass Thomas das akademische Jahr am 29. September, dem Fest des Hl. Michaels begann. 1272/73 dozierte er durchgehend und dann bis zum 6. Dezember 1273. Inhaltlich hielt er Vorlesungen zu den Psalmen eins bis vierundfünfzig, die von Bruder Reginald notiert wurden.

Neben der Arbeit am dritten Teil der *Summa* schrieb Thomas auch an den Kommentaren zu Aristoteles, von denen einige unvollendet blieben, als er Paris verließ. Als Generalprediger von Neapel übernahm er auch die Fastenpredigten im Jahr 1273, die er täglich, und zwar in der Landessprache hielt. Beim Prozess zu seiner Heiligsprechung bezeugten viele Laien und Ordensleute, dass sie die Fastenpredigten von Thomas gehört hätten und durch diese tief bewegt wurden: „Fast die ganze Bevölkerung von Neapel kam jeden Tag, und sie hörten Thomas mit solcher Ehrfurcht zu, als ob seine Predigt von Gott ausginge".

Die letzten Jahre seines Lebens arbeitete Thomas mit voller Kraft:„...fortdauernd war er damit beschäftigt, zu dozieren oder zu schreiben oder zu predigen oder zu beten, wobei er sich wenig Zeit zum Essen und Schlafen gönnte." Um die Wahrheit der evangelischen Botschaft noch genauer zu erfassen, grübelte er immer weiter über Probleme und deren Lösungen. Manchmal modifizierte er auch frühere Auffassungen oder änderte sie maßgeblich. Gleichzeitig bemühte er sich um genauere Formulierungen. Vielleicht blieben seine Schriften deshalb auch so lebendig und ursprünglich, weil er sich die Mühe machte, jedes Problem neuerlich zu durchdenken, um vielleicht doch noch geeignetere Lösungen für alte Fragen zu finden.

Thomas hielt sich an einen strengen Tagesablauf. Er stand jeden morgen früh auf, um bei Reginald zu beichten und in der Kapelle des Hl. Nikolaus die Hl. Messe zu feiern. Nach der eigenen Messe verrichtete er seine Danksagung, während er an einer anderen, gewöhnlich von Reginald gefeierten Messe, teilnahm. Unmittelbar danach fing er mit seinen Vorlesungen an. Nachdem er vom Katheder herunterstieg, ging er daran zu schreiben oder seinen Sekretären zu diktieren, bis Zeit zum Mittagessen war. Nach dem Mittagessen ging er auf seine Zelle, um bis zur Mittagsruhe zu beten. Danach nahm er das Schreiben und Diktieren wieder auf. Nachdem er bis spät in die Nacht gearbeitet hatte, verbrachte er viel Zeit, um in der Kapelle des Hl. Nikolaus zu beten, ehe die Mitbrüder zur Matutin[53] aufstanden. Bevor es zur Matutin läutete, ging er schnell in seine Zelle zurück. So erweckte er den Anschein, dass er mit den Anderen aufgestanden sei. Nach der Matutin ging er schlafen.

An einem Mittwoch, am 6. Dezember, dem Fest des Hl. Nikolaus, stand Thomas wie üblich früh auf, um die Hl. Messe zu feiern. Während dieser Messe hatte er ein Erlebnis, das ihn zutiefst berührte und veränderte. Nach dieser Messe hat er keine Zeile mehr geschrieben oder diktiert!

Als Reginald ihn fragte: „Vater, warum habt Ihr ein so großes Werk beiseitegelegt, das Ihr zum Lob Gottes und zur Erleuchtung der Welt angefangen habt?" antwortete Thomas: „Reginald, ich kann nicht mehr!" Je mehr Reginald in ihn drang, desto ungeduldiger wurde Thomas, bis er schließlich antwortete: „Reginald, ich kann nicht, weil alles, was ich geschrieben habe, mir wie Stroh erscheint." Reginald war durch diese Antwort sehr verwirrt. Aber Thomas meinte es ernst; er konnte nicht weiter. Er war dazu körperlich und geistig außerstande. Ihm blieb nur mehr die Zuflucht zum Gebet und das Annehmen seiner Arbeitsunfähigkeit.

Eine rein psychologische Erklärung dieses Phänomens – wie der moderne Begriff „burn out" es zu fassen sucht – greift bei ihm zweifellos zu kurz, obwohl das Faktum der Überanstrengung schon in Rechnung gezogen werden müsste. Vielleicht hatte seine Arbeitsunfähigkeit auch mit dem inneren Phänomen zu tun, das Johannes vom Kreuz später mit dem Begriff „die dunkle Nacht der Seele" umschreiben wird. Wir wissen es nicht. Auch scheint es nicht zielführend, mit unserem modernen

---

[53] Matutin ist das Nachtgebet in der Reihe der Stundengebete.

Wissen Phänomene zu untersuchen, die bei einem so außerordentlichen Menschen, wie Thomas, zu beobachten waren. Sicher ist nur, dass er angesichts der göttlichen Wirklichkeit, die er in der Hl. Messe innerlich „geschaut" hatte, seine ganze Arbeit als unzureichend – als Stroh erlebte.

Letzte Tage

Anfang Jänner reiste Thomas mit Reginald zu seiner Schwester Theodora nach San Severino. Dort angekommen, konnte er kein Wort sagen und verblieb auch die nächsten Tage in einem verwirrten Zustand. Die Gräfin war sehr beunruhigt. Auch Reginald konnte ihr im Grunde nur sagen, dass sich Thomas seit dem 6. Dezember in diesem Zustand befand.

Kurze Zeit später kam der Befehl nach San Domenico, dass Thomas nach Lyon kommen solle, um beim Konzil als Berater zu dienen. Gehorsam machte er sich auf, um gemeinsam mit Reginald und anderen Begleitern nach Norden zu gehen. Von Teano, wo sich ihnen noch einige Begleiter anschlossen, wanderten sie zu Fuß in nördlicher Richtung nach Borgonuovo. Am Weg dorthin geschah es, dass Thomas, völlig in sich versunken, den Ast eines Baumes übersah, der in die Straße hineinragte, und er dagegen prallte. Er erhielt einen Schlag auf den Kopf und wurde nach seinen eigenen Worten leicht verletzt. Nachdem sie einige Stunden unterwegs waren, bat Thomas auf Schloss Maenza Halt zu machen, wo seine Nichte Francesca wohnte. Dort blieb Thomas „einige Tage, weil er ziemlich schwer krank wurde". Er konnte zunächst auch nichts essen; erst als er frischen Hering bekommen hatte, gewöhnte er sich wieder ans Essen. Dennoch verschlimmerte sich sein Zustand immer mehr. Als er Ende Februar spürte, dass sein Ende nahe war, bat er, nach Fossanova in die Zisterzienserabtei gebracht zu werden. „Wenn der Herr zu mir kommt, ist es besser, man findet mich in einem Ordenshaus als auf einem Schloss!" so seine Worte. In der Abtei lag Thomas in einem Gästezimmer krank darnieder, liebevoll umsorgt von den Mönchen. Obwohl sich sein körperlicher Zustand mehr und mehr verschlimmerte, blieb er voll Sanftmut und Geduld. Drei Tage vor seinem Tod legte er eine Generalbeichte ab, die, nach den Worten Reginalds, die Beichte eines fünfjährigen Knaben gewesen sein könnte. Danach empfing er die Hl. Kommunion, die ihm der Abt spendete. Ehe er die Kommunion empfing, sagte Thomas in Gegenwart der versammelten Gemeinschaft der Mönche:

> „Ich habe viel über diesen Allerheiligsten Leib und über die anderen Sakramente gemäß meinem Glauben an Christus und an die heilige römische Kirche gelehrt und geschrieben, deren Urteil ich meine ganze Lehre unterwerfe."

Damit verabschiedete er sich von der Kommunität, indem er sich und sein ganzes Werk der Kirche anvertraute, die vom Hl. Geist getragen und auf dem Felsen Petrus gebaut ist. Und egal, was auch immer passieren wird, die zerstörerischen Kräfte unserer irdischen Welt werden sie – wie es bei Matthäus 16,18 geschrieben steht – niemals vernichten können.[54]

Thomas lebte noch drei Tage nach dem Empfang der Kommunion. Am Tag danach empfing er die Krankensalbung, wobei er selbst die Antworten auf alle Gebete gab.

---

[54] *Ich (Jesus) aber sage dir: Du bist Petrus, und auf diesen Felsen werde ich meine Kirche bauen, und die Mächte der Unterwelt werden sie nicht überwältigen.* (Mt 16,18)

Zwei Tage später, frühmorgens am Mittwoch, dem 7. März, starb Thomas von Aquin, der größte Kirchenlehrer der katholischen Kirche.

Zu seinem Werk

Um das Werk dieses großen Theologen würdigen zu können, müsste man sich lange Jahre in seine Schriften vertiefen. Allein die Fülle seiner Abhandlungen und Schriften macht diese Aufgabe zu einem Lebenswerk.

In seiner *Summa theologica* errichtete er in einer grandiosen zusammenfassenden Schau ein Lehrgebäude, das auf den Fundamenten der Offenbarung, den Schriften der Kirchenväter und dem antiken philosophischen Wissen ruht und bis heute einzigartig dasteht.

Die drei Teile der Summa sind von zwei gewaltigen Visionen bestimmt: dem *exitus (Ausgang)* aller Dinge aus Gott und der *reditus (Rückkehr)* aller Dinge, insbesondere des Menschen, zu Gott als seinem Lebensziel. Zur Einteilung der Summa in drei Teilen erklärt Thomas, dass der erste Teil Gott als Einheit und Dreiheit erörtere sowie „den Hervorgang aller Geschöpfe aus ihm". Der zweite Teil diskutiere die Bewegung der vernunftbegabten Schöpfung zu Gott hin, während der dritte Teil Christus behandle, „der als Mensch für uns der Weg zu Gott ist."

Abb. 28: Apotheose des Hl. Thomas von Aquin

Besser als Worte bringt das Gemälde von Francisco Zubaràn, einem spanischen Barockmaler, die Berufung von Thomas zum Ausdruck. Inmitten der sitzenden Kirchenväter, Hieronymus, Ambrosius, Augustinus und Gregor, die sich untereinander beraten, steht Thomas einsam da, mit erhobener Hand, die Feder schreibbereit, während er dem Hl. Geist konzentriert zuhört, der über ihm schwebt.

Im Prolog zu seiner *Summa* erläuterte er, dass Lehrer der katholischen Wahrheit nicht nur fortgeschrittene Studenten, sondern auch Anfänger zu unterrichten hätten.

„Wem dieser Stoff noch neu ist, der wird bei seinem Studium durch die Eigenart der vorhandenen Lehrbücher eher gehemmt als gefördert. Nutzlose Fragen, Artikel, Beweisführungen häufen sich; man bietet den Lehrstoff nicht in planvoller Ordnung, sondern wie es die Erklärung des jeweiligen Textes verlangt oder wo sich gerade Gelegenheit zu einer Auseinandersetzung zeigt. Bei solchem Vorgehen sind häufige Wiederholungen und damit für den Hörer Unklarheit und Überdruss unvermeidlich. Wir werden derartige Fehler zu vermeiden suchen und wollen mit Gottes Beistand den Inhalt der hl. Lehre so kurz und klar vorlegen, wie es der Gegenstand erlaubt."

Wenn man diesen Einleitungstext vor Augen hat, dann fragt man sich, wie Thomas Anfängern einen solch anspruchsvollen Text wie die *Summa* widmen konnte. Offenbar gehörten sie zu einer Generation von Menschen, wie sie auch an den Domen von Chartres, Amiens, etc. als Bauleute wirkten und ihr persönliches Glaubensbekenntnis aus Stein und Glas errichteten, das uns bis heute mit Bewunderung und Ehrfurcht erfüllt.

Generationen von Theologen gab die *Summa* Grund, Halt und auch Handwerkszeug in die Hand, um in den vielfältigen Auseinandersetzungen um die christliche Lehre sicher und unmissverständlich zu argumentieren. Die Kirche verdankt ihm bis heute eine klare und wahrhaftige Beweisführung, die wir nur bewundern können.

Vielleicht ist die Art, wie er den Menschen sah, nämlich als selbstständige, starke und auf das Gute ausgerichtete Person, die sich vor vielen Verführungen in Acht nehmen muss, heute sehr fragwürdig geworden.

Durch materielle Verwöhnung und mangelnde Willensschulung wird einem Großteil der modernen Menschen die Kraft zur Selbstdisziplin und Empathie entzogen, was gleichbedeutend ist mit Mut und Entschlossenheit zum Verzicht. Damit wird ein christlich ausgerichtetes Leben, das den anderen ebenso wertschätzt wie das eigene, von vorneherein untergraben.

In einer Gesellschaft, die vor allem auf das Haben ausgerichtet ist, verliert das Sein immer mehr an Wert. Die unmittelbare Beziehung zwischen Mensch und Natur, sowie gesellschaftlich religiösen Traditionen im ländlichen Raum sind durch die städtische Art des Lebens vielfach gekappt.

Überkommene Erfahrungen werden in der immer stärker digitalisierten Welt bewusst aus der Berichterstattung ausgeklammert. Leiden, Krankheit und Tod verlieren ihre Realität. Damit wird das allgemein menschliche Erlösungsbedürfnis auf persönliche Unglücksfälle nivelliert, die jeder mit sich selber abzumachen hat. In dieser dumpfen Luft von garantiertem Überleben durch den Staat und persönlicher Überheblichkeit dem Schwächeren gegenüber, ist der christlicher Anspruch in Gefahr, zu ersticken.

Und so schließt sich der Kreis. Was mit dem Blut der Märtyrer begann und mit den großen Gestalten des Hochmittelalters zur geistigen Blüte gelangte, scheint heute zu verwelken und abzusterben, die Idee vom christlichen Leben in Europa am Ende zu sein.

Doch Gott schreibt auch auf krummen Zeilen gerade. Noch immer ist es ER, von dem alles ausgeht und zu dem alles zurückkehrt, wie Thomas in seiner *Summa* so eindringlich beschrieben hat. So wie unser Planet Erde unsere Zerstörungswut überleben wird, und wir selber dafür den Preis zahlen müssen, weil wir unsere natürlichen Lebensgrundlagen verschleudern, so wird es immer Gott sein, der uns trägt und hält und uns seine Liebe bewahren wird, trotz unserer momentanen Aufgeblasenheit.

Was heute nottut, ist der Aufbruch jedes Einzelnen hin zu Gott, zu dem menschgewordenen Erlöser, der durch sein Leiden aller menschlichen Schwachheit, aller Begrenztheit sein *„Ich bin bei euch alle Tage, bis ans Ende der Welt"* (Mt28, 20) entgegenhält. Allerdings müssten wir lernen, an ihn zu glauben und seine Liebe anzunehmen. Aber gerade das mangelnde Vertrauen und die geringe Fähigkeit, Liebe anzunehmen scheint mir der Schlüssel zu allem Widersinn und allen Problemen unserer heutigen Welt.

Anhang

Bonaventura wurde als Johannes Fidanza in Bagnoregio, Latium, wahrscheinlich 1221, als Sohn eines Arztes geboren. In seiner Franziskus Biografie berichtet er von einem Wunder des Heiligen, wodurch er noch als Kind geheilt und aus Todesgefahr gerettet wurde.

Er immatrikulierte 1235 an der Universität in Paris (Sorbonne) und studierte hier zunächst die sieben freien Künste. Sein Theologiestudium begann er bei *Alexander von Hales*, der später in den Orden der Franziskaner eintrat. Fasziniert von den Idealen des Franziskaner Ordens, beschloss Johannes selber, unter dem Namen Bonaventura, Minderbruder zu werden. Zum Abschluss seines Studiums (1248) schrieb er einen Kommentar zum Lukasevangelium; danach begann er mit Vorlesungen zu biblischen Themen und wirkte als Professor am theologischen Lehrstuhl der Franziskaner in Paris bis 1257. Gleichzeitig verfasste er während dieser Zeit Kommentare zum Johannesevangelium, zu den Büchern Jesus Sirach und Weisheit. Er hielt Seminare zum Geheimnis der Dreifaltigkeit, der Erkenntnis Christi und der evangelischen Vollkommenheit. Darin verteidigte er das Leben der Minderbrüder gegenüber Theologen, die den Bettelorden feindlich gesinnt waren. Zum Abschluss seiner Lehrtätigkeit verfasste er noch das Breviloquium, eine kurze Einführung in die Theologie.

Auf Vorschlag des Johannes von Parma wurde er als dessen Nachfolger zum Generalminister des Ordens gewählt. Unter Bonaventuras Führung gelang es die innere Spaltung des Medikantenordens – die sich an der Armutsfrage immer wieder neu entzündete – zu überwinden, indem er durch Generalstatuten die Franziskusregel den veränderten Zeitverhältnissen anpasste.

Dadurch steuerte die Franziskaner auf einen gemäßigten und dauerhaften Kurs, der ihm den Ruf des „zweiten Gründers des Ordens" verlieh. Ähnlich wichtig waren die beiden Lebensgeschichten, die er verfasste, um die Differenzen im Verständnis der Lebensregeln und der Botschaft des Ordensgründers Franziskus auszugleichen. In den Jahren von 1257 bis 1266 war Bonaventura zu Fuß auf Pastoralreisen durch Frankreich und Italien unterwegs. Während dieser Zeit verfasste er auch seine berühmteste Schrift *Itinerarium mentis in deum* (Reise des Geistes zu Gott) ein Lehrwerk für den Weg der inneren Begegnung mit Gott. Ausgehend von den Erfahrungen mit der Welt und der menschlichen Beziehung geht die Seele ihren Weg zu Gott, als ihrem Urgrund. In der mystischen Entrückung der Seele kommt die Verstandestätigkeit zur Ruhe. Das Gemüt geht ganz in IHM auf und findet in der ekstatischen Vereinigung mit Gott ihren Frieden. Dieser Weg kann aber nicht „verstanden", sondern muss selbst gegangen und erlebt werden.

Schließlich kehrte er nach Paris zurück, um seinen Brüdern beizustehen, die von konservativen Theologen und radikalen Philosophen angegriffen wurden.

Papst Gregor ernannte ihn 1273 zum Kardinal und Bischof von Albano. Boten des Papstes, die ihm den Kardinalshut überbringen sollten, trafen ihn im Kloster Mugello bei Florenz beim Geschirrspülen im Garten; er bat sie, den Kardinalshut an einem Baum aufzuhängen, bis er mit seiner Arbeit fertig wäre.

Um den Bruch mit der Ostkirche zu überwinden, wurde das Konzil von Lyon einberufen. Bonaventura leitete das Konzil vom Beginn im Mai 1274 bis zu seinem Tod im Juli und tatsächlich gelang die Wiederherstellung der

Gemeinschaft mit der Ostkirche, allerdings nur für kurze Zeit.

Bonaventura wurde am 14. April 1482 durch Papst Sixtus IV. heiliggesprochen und 1588 durch Sixtus V. als *Doctor seraphicus* zum Kirchenlehrer erklärt

„Bonaventura lebte im 13. Jahrhundert, einem Zeitalter, in dem der christliche Glaube zutiefst in die Kultur und Gesellschaft Europas eingedrungen war und so im Bereich der Literatur, der Kunst, der Philosophie und Theologie unvergängliche Werke inspirierte. Unter den christlichen Gestalten, die zum Zustandekommen dieser Harmonie zwischen Glauben und Kultur beigetragen haben, tritt eben Bonaventura hervor, ein Mann des Handelns und der Kontemplation von großer Frömmigkeit und Klugheit in der Leitung." (nach Papst Benedikt XVI. 2010)

Das **Inquisitionsverfahren** (lat. inquisitio: Befragung, Untersuchung) ist eine unter Papst Innozenz III. (1161–1216) entwickelte Form des Ermittlungs- und Strafprozesses. Das Inquisitionsverfahren wurde zunächst als Verfahren gegen Kleriker im innerkirchlichen Bereich angewendet. Es etablierte sich in den ersten Jahrzehnten des 13. Jh. zur Grundlage von Prozessen im Rahmen der Inquisition, die ihren Namen von dem Verfahren ableitet, entwickelte sich aber im Laufe des Spätmittelalters zur Hauptverfahrensform der weltlichen und geistlichen Gerichtsbarkeit und kam als solche bis ins 18. Jh. zum Einsatz. Als Vorsitzende in geistlichen Prozessen wurden oft Dominikaner berufen, weil sie durch ihr Studium und ihrer intensive Beschäftigung mit der Heiligen Schrift und theologischen Texten besonders geeignet schienen, abweichende und irrige häretische Haltungen zu untersuchen und zu beurteilen. Dass in diesen

Verfahren auch oft willkürlich und selbstherrlich vorgegangen wurde, lag in der Natur der Sache, aber nicht im Geiste des Ordensgründers.

Juristisch war das Inquisitionsverfahren aus heutiger Sicht ein Fortschritt, da die Beweisführung nicht mehr ausschließlich vom Leumund des Angeklagten beeinflusst wurde, sondern durch objektive Ermittlungen einer dafür zuständigen Stelle erfolgen konnte. Doch verblieben grundlegende Probleme ungelöst, die schließlich zu äußerst fragwürdigen Ergebnissen führten. Dazu gehört:

- Die Aufhebung der Gewaltentrennung. Das Verfahren wurde von einer Person geführt, dem allmächtigen Inquisitionsrichter.
- das Verfahren war ein Geheimverfahren (keine Möglichkeit der öffentlichen Kontrolle)
- Es bestand keine Neutralität des Richters gegenüber dem Ergebnis der Ermittlungen, auf dem sein Urteilsspruch beruhte, da er selbst diese Ermittlungen angeordnet und durchgeführt hatte.
- Durch die Folter konnte jedes gewünschte Ergebnis erreicht werden.
- Aufgrund der Einführung vollkommener Anonymität des Klägers bestand die Gefahr der Denunziation missliebiger Personen, ohne dass der Ankläger Beweise erbringen musste.

Bedingt durch diese Verfahrensmängel war dem Missbrauch Tür und Tor geöffnet, der sich durch historische Studien auch wissenschaftlich belegen lässt. Daneben gab es aber auch ernste und gerechte Männer, die nach sorgfältiger Prüfung der Schriften und Texten von angeklagten Männern und Frauen *(z.B. im Fall von Teresa von Avila)*, auch zu klaren und eindeutig positiven Urteilen beitrugen.

Literaturverzeichnis

Bernhard von Clairvaux: Sämtliche Werke, Innsbruck 2002

Bernhard von Clairvaux: Die Botschaft der Freude, Einsiedeln, Zürich, Köln 1953

Sankt Bernhard, Festschrift zum 800 Todestag, Innsbruck 1953

Robert Linhardt: Bernhard von Clairvaux, Regensburg 1925

Johann Baptist Meyer: Bernhard von Clairvaux, Suzbach 1940

Daniel Rops: Bernhard von Clairvaux und seine Söhne, Heidelberg 1964

Robert, Maria Saur O.Cist.: Glühen ist mehr als Wissen, Bernhard von Clairvaux, Stein am Rhein, 1977

Bernardin Schellenberger: Bernhard von Clairvaux, Olten 1982

Paul Sinz: Das Leben des heiligen Bernhard von Clairvaux (Vita prima), Düsseldorf 1962

Wolfram von den Steinen: Bernhard von Clairvaux, Breslau 1926

Georges Bernanos: Der heilige Dominikus, Zürich 1950

Peter Dyckhoff: Mit Leib und Seele beten. Die neuen Gebetsweisen des Dominikus, Freiburg, Basel, Wien 2003

Paul D. Hellmeier: Dominikus begegnen, Augsburg 2007

Anselm Hertz: Dominikus und die Dominikaner, Herder Freiburg, Basel, Wien, 1981

Vladimir J. Koudelka: Dominikus, Olten 1982

H. Christian Scheeben: Der heilige Dominikus, Essen 1961

Wolfgang Bader: Franz von Assisi, Gebete, München 1986

Max Bollinger: Bruder Franz, Ravensburg 1984

G.K.Chesterton: Der Heilige Franziskus von Assisi, München 1927

Engelbert Grau: Thomas von Celano, Leben und Wunder des Heiligen Franziskus von Assisi, 3. Aufl., Werl/Westfalen 1980

Alois Johann Heß: Franziskus, ein stigmatisierter Heiliger, Freiburg/Breisgau 1922

Heribert Holzapfel: Handbuch der Geschichte des Franziskanerordens. Freiburg/Breisgau 1909.

Otto Karrer (Hrsg): Franz von Assisi, Legenden und Laude, Zürich 1975

Provinzialat der Franziskaner: Franz von Assisi heute, Zur 800-Jahr-Feier seiner Geburt, Padua 1982

Thomas Schneiders: Der Mann aus Assisi, 15. Auflage, Freiburg/Breisgau, 1984

Anselm Schönberger: St. Franziskus predigt den Geschöpfen, Offenbach am Main 1955

Wolfram von den Steinen: Franz von Assisi, Die Werke, Hamburg 1958

Franziskus von Assisi in NOI-International Juli/September 1982, Nr:59/60

Vita et Admiranda Historia Seraphici S.P. Francisci, ordinis Minorum Fundatoris, Augsburg 1702 (Nachdruck: Edizione Paoline, 1974)

Thomas von Aquin: Summa Theologica, (Deutsch-Lateinische Ausgabe), Heidelberg, Graz, Wien, Köln 1961

Thomas von Aquin: Sentenzen (übs. Josef Pieper), München 1965

Thomas von Aquin: Das Wort (übs. Josef Pieper), München 1955

Joseph Anton Endres: Thomas von Aquin in Weltgeschichte in Charakterbildern, Mainz 1910

Nigg Walter und Schamoni Wilhelm: Das Leben des heiligen Thomas von Aquino, Düsseldorf 1965

Michel de Paillerets (Karl Pichler): Thomas von Aquin, Skizze eines Lebens, Kevelaer 1995

Eduard Starkemeier: Lehre des Heils aus den Werken von Thomas von Aquin, Graz, Salzburg, Wien, 1939

James A.Weisheipl: Thomas von Aquin, Sein Leben und seine Theologie, Graz, Wien, Köln 1980

Abbildungsverzeichnis

Abb.1: Die Majestät Christus am Kreuz Báttlo /Katalonien © Roger Ferrer Ibànez-Vilassar de Mar/Spain Wikimedia Commons

Abb.2: Apsis Christus der Domkirche von Monreale, normannisch-byzantinischer Stil (12.Jh.) © eigene Aufnahme

Abb.3: Glasfenster, unbekannter Maler (1450) Oberrhein © Jastrow (talk I contribs) Wikimedia Commons

Abb.4: Mittelalterliches Gemälde der Belagerung Jerusalems durch die Kreuzfahrer 1099 Hohum (talk I contribs) Wikimedia Commons

Abb.5: Hl. Bernhard, Gemälde aus der Kirche von Troyes 16. Jh. © Joachim Schäfer, Ökum. Heiligenlexikon

Abb.6: Hl. Bernhard schreibt an seinen ehemaligen Bruder Papst Eugen, 13.Jh. © Bistum Sankt Clemens in Saratow

Abb.7: Der Hl. Bernhard wird von Christus umarmt, Francisco Ribalta 17. Jh. © Escarlati (talk I contribs) Wikimedia Commons

Abb.8: Dominikus verkauft in Palencia seine Studienbücher und gibt den Erlös den Armen. Detail aus einem Tafelbild (Ende 13. Jh.) © Scan aus: Hertz Anselm, Dominikus und die Dominikaner, Freiburg, Basel, Wien, 1981

Abb.9: Dominikus disputiert mit den Häretikern. Fresco von Andrea da Firenze (1366/68) © Scan aus: Hertz Anselm, Dominikus und die Dominikaner

Abb.10: Die Apostel Petrus und Paulus überreichen Dominikus Stab und Buch, Fra Angelico. Detail aus der Predella des Tryptichons von Cortona (1335/36) © Scan aus: Hertz Anselm, Dominikus und die Dominikaner

Abb.11: Dominikus überreicht Papst Honorius III. seine Ordensregel zur Bestätigung. Marmorrelief am Grabmal von Dominikus von Niccolo Pisano (1256/66) San Domenico Bologna © Scan aus: Hertz Anselm, Dominikus und die Dominikaner

Abb.12: Dominikus. Ausschnitt aus dem Dominikus Bild auf der Dominikus-Tafel in Neapel © Scan aus: Hertz Anselm, Dominikus und die Dominikaner

Abb.13: Kreuz von Damiano, Malerei des 12. Jhs. in byz.-röm. Stil © Scan aus Toni Schneiders, Der Mann aus Assisi, 14. Auflage, Herder Freiburg im Breisgau, 1984

Abb.14: Franz trennt sich von seinem Vater, Fresko von Benozzo Gonzoli (1420–1497) S. Francesco in Montefalco © *Scan* aus Schneiders, Der Mann aus Assisi

Abb.15: Franziskusportrait, Fresko von Cimabue (um 1278) – Unterkirche von San Francesco © *Scan* aus Schneiders, Der Mann aus Assisi

Abb.16: Traum des Papstes Innozenz III., Fresko von Benozzo Gonzoli (1420 – 1497) S. Francesco in Montefalco © *Scan* aus Schneiders, Der Mann aus Assisi

Abb.17: Franziskus ermahnt die Vögel. Fresko um 1236 Unterkirche von S. Francesco zu Assisi © *Scan* aus Schneiders, Der Mann aus Assisi

Abb.18: Hl. Klara, Fresco von Simone Martini (1284–1344) Unterkirche von San Francesco © *Scan* aus Schneiders, Der Mann aus Assisi

Abb.19: Höhle von Franziskus in der Einsiedelei Fonte Colombo, wo er die zweite, endgültige Fassung seiner Regel niederschrieb. © *Scan* aus Schneiders, Der Mann aus Assisi

Abb.20: Franziskus erhält die Wundmale am Alvernerberg. Fresko von Pietro Lorenzetti Unterkirche von San Francesco. © *Scan* aus Schneiders, Der Mann aus Assisi

Abb.21: Franziskus am Totenbett. Fresko in der Unterkirche von San Francesco © *Scan* aus Schneiders, Der Mann aus Assisi

Abb.22: Aristoteles-Büste, röm. Kopie, nach einer Skulptur des Bildhauers Lysippos, © Giovanni Dall'Orto, (talk I contribs) Wikimedia Commons

Abb.23: Zwei Engel trösten Thomas von Aquin, Diego Rodrigo de Silva y Velazques (1599 bis 1660) © *Scan* aus Xavier de Salas, Velasquez, Herrsching Ammersee

Abb.24: Thomas Aquinas, Carlo Crivelli (1476) © Eugene a (talk I contribs) Wikimedia Common

Abb.25: Glossa ordinario, © Historiograf (talk I contribs) Wikimedia Commons

Abb.26: Außenkanzel an der Kirche S.Maria Nuova in Viterbo, von der Thomas predigte © Joachim Schäfer, Ökum. Heiligenlexikon

Abb.27: Heiliger Ludwig IX, El Greco (1586) © Eigene Aufnahme

Abb.28: Francisco de Zurbarán (1598–1664): Apotheose des Hl. Thomas von Aquin, © *Scan* aus Mina Gregori/Tiziana Frati, L'opera completa di Zurbarán, Milano 1973

Kapitelfotos:

SANCTI BERNARDI vera effigies, Kupferstich (1653) © Heidelbergiensis (talk I contribs) Wikimedia Commons

DOMINIKUS meditiernd, Detail eines Zellenfreskos (1436 bis 1443) von Frá Angelico im Kloster S. Marco, Florenz, © *Scan* aus: Hertz Anselm, Dominikus und die Dominikaner

FRANZ von ASSISI, Francisco de Zurbaràn (1598–1664), © Eigene Aufnahme

THOMAS von AQUIN, Fra Bartolomeo OP (1472–1517) © Joachim Schäfer, Ökum. Heiligenlexikon

Umschlagentwurf: Glasfenster der Karmelitenkirche in Wien Döbling; mit freundlicher Genehmigung des Priors Dr. Rathan Nicolas Almeida OCD.

Danksagung

Für die unermüdliche Lektorenarbeit an meinem Buch danke ich Eva Wienker und Peter Nestler, der die Endredaktion und die formale Gestaltung des Textes übernommen hat. Josef Newerkla danke ich für die Endredaktion des Textes und Gerda Salomon für das Layout des Covers.

Dr. Irene Kohlberger ist 1946 in Niederösterreich geboren. Studium an der Universität Wien (Psychologie, Kunstgeschichte) Promotion zum Doktor der Philosophie. Vierjährige Lehranalyse nach der Methode der klassischen Psychoanalyse.

AHS-Lehrerin in Wien (Röm.Kath. Religion / Philosophischer Einführungsunterricht) und Fachstudium an der Universität Wien (Röm.Kath. Theologie / Philosophie, 1987 abgeschlossen). Derzeit schriftstellerisch tätig.

Kontakt: irene.kohlberger@gmx.at